阅读成就梦想……

Read to Achieve

碎片化时代

重新定义互联网+商业新常态

[澳] 史蒂夫·萨马蒂诺（Steve Sammartino） 著

念昕 译　张瀚文 审译

THE GREAT FRAGMENTATION
AND WHY THE FUTURE OF BUSINESS IS SMALL

中国人民大学出版社
· 北京 ·

推荐序 碎片的价值，在于分享与连接

傅强 智囊传媒总裁

一谈到"碎片化"这个词，很多朋友都会心中一痛！首先出现的问题便是"时间被切碎"了。在传统的工业化管理时代，以效率为核心的管理模式，让生产流程与时间两个元素紧密地联系在一起，可一旦原有生产流程被打破，甚至被离散，原有"可控"的时间便四散奔逃，不知去向。以至于"时间去哪儿啦"，不仅仅成为了一种现象，也成为了一种无奈！

"碎片化"所带来的痛点还有很多，比如人。原本被生产线凝聚（或者说"禁锢"）在一起的人们，因为互联网的出现同样变得有些"失控"，人们在不同的时空出现和交流，甚至相互协作。人们正在从一个个生活盒子的束缚中解放出来，人们生活的地点不再由基础设施所在的区域所框定，当前的一切事物都已被碎片化并散布四周……

中国人有句古话：不破不立！破是个"过程"，而碎则是个"状态"，认识清楚这个状态，把握好这个过程，恰恰是《碎片化时代》这本书的目的。

在很多人看来，碎片化与传播学有关，我上百度查了一下词条，其对"碎片化"的解释是：所谓"碎片化"，英文为Fragmentation，原意为完整的东西破成诸多零块。我们也可将"碎片化"理解为一种"多元化"，而碎片化在传播本质上是整个社会碎片化或者说多元化的一个体现。

但在过去十年中，人们对于"碎片化"的体悟早已经突破了信息以及传播学上的概念。尤其是从工业革命时代到互联网时代，工业时代的企业在产能过剩的道路上渐行渐远，商业模式逐渐衰落，企业若想在移动互联时代发展壮大，需要重新改写经济剧本。因此，"碎片化"不仅仅是一种当下的状态，更是一种代表未来的方向。

"大"时代结束了吗？这是本书作者在《碎片化时代》最后一章中提出的问题。在作者看来，在发展初期就十分壮大的企业现在常常会面临颓势"大"已经不再是一种优势。对于工业化时代的公司来说，过去的规模经济学已经变成了衰败经济学。"大"就意味着企业的生存非常脆弱，过度依赖于生产的规模。靠着供应链成长起来的企业之所以如此危险，是因为他们是垂直营销中的一部分，要彼此依靠，才能获得全面而稳定的发展。

如今，出现了一种新型"大"的形式，这种形式能够适用新的商业环境，那就是平台。平台由一个个分散的部分组成，而包容性很强的"大"理念可以为许多人提供平台。通过鼓励参与，这个大平台能够允许自身成为经济基础中的各个分散的部分。作者认为，新的"大"是集体中一些更小的部分所组成的。换句话说，碎片化不仅仅是一种状态，而是一种趋势！

最近，在中国"互联网+"这个概念非常"火"。尤其是在 6 月 24 日，国务院总理李克强主持召开的国务院常务会议上，通过了《"互联网 +"行动指导意见》之后，"互联网 +"无疑成为了当下最大的"风口"。但当互联网把这些业已"破碎"、"失控"和相对"独立"的碎片"+"在一起之后，又会产生什么新的价值呢？

在我看来，局部、碎片、个体的价值和活力，在"互联网 +"时代将得到前所未有的重视。万物互联和信息爆炸带来的不是人的淹没，其实恰恰是人的凸显，每个人的个性更加容易被识别，消费者更灵活地参与到个性化的产品和服务中去，实现以人为本、连接到人、服务于人、人人受益。这是经济发展的必然，也是社会发展的必然，更是未来企业发展的必然。 因此上，可以说"碎片化"的价值不在碎片本身，而在于每一个碎片彼此的连接和分享！

"互联网 +"也好，碎片化也罢，都让"以人为本"这句话成为了一种不可违背的现实。在消费领域，回归人性化，不再关注群体而是个人，成为了定义未来商业的关键词！在生产领域，分布式连接平台突破了地域限制，让志趣相投的人聚集在一起，他们完全突破了创意、研发、生产甚至消费的边界……在互联网时代，我们作为每一个"碎片"，都会遵循这样的一种新的发展规则：越开放，越成长；越分享，越受益！

即是实物，信息改造着物理世界、社会形态，而经济结构也会随之改变。

前 言 科技重构商业方向

　　过去十年中，我一直在紧密地关注着商业社会的动态。自 2005 年离职起，我冥冥之中感受到这股变化的暗潮正在涌动。那时 Web 2.0 方兴未艾，赋权体验浪潮正在席卷着商业社会：转瞬之间，众多商业工具变得便捷易用；获取各类信息的途径变得方便快捷，人们无需寻求他人帮助便能完成工作。当我们中大多数人还在使用老式磁带录像机时，极客们决定不再囿于自我，转而探索外部。他们期望不仅为自己，也为所有人开发产品：终端客户可以借此娱乐消遣，学习提升甚至进行创新发明。在此基础上，为创新而创作，赋予商业行为人性与社会性的理念应运而生。这一情形出乎意料，互联网泡沫破灭之后，人们（包括笔者本人）曾普遍置疑互联网所允诺的科技乌托邦是否能实现。变革虽未能如期而至，却最终会实现。信息革命影响范围之广，程度之深，远远超乎预测。在新的语境下，所有人均能获取释放的信息，而这些信息与物理世界间的相互作用力量相当，方向相反。信息即是实物，信息改造着物理世界、社会形态，而经济结构也会随之改变。

在很多方面，这一变革与商业发展背道而驰。商业是生产者与消费者间的零和游戏：在商业领域，"我们"（生产者）与"他们"（消费者）间泾渭分明；服务者与被服务者的界限清晰明朗。更多的时候，商业社会是一套确定的权力结构，拥有财富与资源的人群同时掌控着经济权力。我知道读者可能会问："但那最富有的 1% 的极少数人不断增长的财富呢？"事实上，我们仅仅处于这场巨大变革的肇始阶段，这场革命将使得生活与商业中重要的事物变得更加廉价易得。科技的广泛应用将提高人们的生活质量，权力也将因为各类工具的大众化发展而回归于民。这将是一场生产要素的全面重组，商业实践方式与经济权力结构也将彻底改变。

本书横跨科技与商业领域，因此商业领域的读者将接触到许多新的科技概念。为求阅读方便，本书将提供多数科技术语的释义，而对于部分专业术语，读者则可以通过网络搜索获得。希望读者不拘于本书进行自我探索，展开一段丰富的阅读旅程，人生亦该如此。读者也应牢记，具体的科技原理并不重要，科技如何重构商业方向才是重点。新的商业模式是我们的关切所在。作为商业领域的从业者，我们只需关注科技能实现何物，而绝非其实现过程。

行业的不断碎片化发展是最为重要的商业模式转变。商业领域中的所有事物均在分崩为更小的单元。更为广泛的渠道增加了市场参与者的人数，也为我们从事商业活动提供了更为多元化的选择。换言之，我们的经济正处在不断去中心化的过程中。生产者与消费者界限消失不见。我们正在步入一个诸侯纷争、高度分化的碎片化商业体系。经济构成要素不断变化，变化的最终形态虽然不得而知，但我们却把控着变革的轨迹。商业要素迅速流动，我们应避免妄自尊大，信口预测变革结果。相反，我们需要结合科技与新近赋权的大众，制定开源战略。在新的环境下，商业秘密将不太可能存在。

如今，商业社会正处于变局中，然而目前大多数思潮与分析却拒绝接受变革，甚至试图维持现状。作为商业领袖与企业家，我们需要接纳变革。在风云变幻之际，我们需要对新的商业格局与新形态进行彻底分析与评估。即使是互联网科技时代举足轻重的市场参与者——"商业新贵"也是通过创立分布极广的网络而崛起的，其组成部分是松散连接的碎片化产品及服务。移动互联网时代占统治地位的企业将越来越依靠商业长尾而存活。

＊＊＊

市场上有许多为使用前沿技术提供实践指南的书籍，如果你是在寻找此类书籍，那么本书并不适合你阅读。如果你想要购买的是技术运用总结类书籍，那么请你慎重购买本书。本书旨在从商业及社会角度，阐述我对科技如何逐步影响世界的理解，科技与商业两条撰写主线无法相互独立，也没有理由相互分割。战略类商业书籍往往包罗万象，它们需要涉及人类学、科技、商业及文化等领域。

阅读完本书之后，读者将能清晰认识到世界的变化趋势。在迅速变化的环境下，阅读本书的收益绝非仅是一些用后即忘的技巧。移动互联网新兴企业正在重塑商业格局。技巧仅能供一时之用，对未来的清晰认识则是影响深远的。希望通过共同分析营销矩阵及其围绕在我们身边的变化与分化之后，读者对未来可以形成一个清晰的认识。

目 录

推荐序 P.I

碎片的价值，在于分享与连接

前 言 P.V

科技重构商业方向

第1章 P.001

从工业革命时代到互联网时代

工业时代的企业在产能过剩的道路上渐行渐远，商业模式逐渐衰落，企业若想在移动互联时代发展壮大，需要重新改写经济剧本。

第2章 P.009

科技革命带来的全球化改革

科技革命席卷全球，它影响着地球上的每一个人，同时也将带动许多工业时代的理念和市场飞跃向前。

第3章 P.021

互联网革命的起点：社交媒体

互联网空间的虫洞广阔无垠，而社交媒体仅仅是开启互联网的起点。它将架构起通往群体思维及人类实时活动的路径，让人们能够在碎片化时代中重新连接，而不再安于接受工业制度的安排。

第4章 P.031

盒内人生：工业时代的生活范式

我们正在从一个个生活盒子的束缚中解放出来。我们生活的地点不再由基础设施所在的区域所框定，当前的一切事物都已被碎片化并散布四周。

第5章 P.049

回归人性化：定义未来的关键词

互联网时代，我们将不再是工业机器的组件。人类的创造性将被释放出来，未来的决定权将由风尚引领者手中交到大众手中，创造出更具人性化色彩的未来。

第6章　P069

已成明日黄花的人口分析法

碎片化时代，我们都在远离群组，背离预期，传统营销预测的不二法宝——人口分析法已然失灵，个体和城市因共同的兴趣而逐渐趋同。互联网时代的营销将变得小而美。

第7章　P087

定价的真相：迎来降价浪潮的可用科技时代

在互联网时代，科技正以指数级方式得以改进，成为了现代经济快速民主化发展的核心推动力。随着科技降价潮的到来，普通民众与企业之间的科技鸿沟完全消失，民众不再冷眼旁观科技，而是真正参与其中。

第8章　P101

零障碍的世界：知识渠道如何击碎障碍

信息不仅改变了我们学习和行事的方式，也改变了我们获取资源的源头。获取信息能够消除我们通往创新与商业民主的必由之路。互联网时代，企业能做到的，个人亦可做到。

第9章　P115

无限商店：重新定义零售行业

互联网时代，零售思想经历了如此巨大的改变，人们不再关注自己所购买的商品，而更多的是关心从这个过程中所获得的体验。零售不再仅是供应链的终端，还是每家企业和每个人都能完成的事情。

第10章　P129

比互联网更为宏大：3D 打印革命的到来

3D 打印技术将制造业从工厂带至书桌之上，它对社会的影响将远远超过互联网，它使得生产流程碎片化，并将影响整个商业领域。

第11章 P145

大屏播放：后大众媒体时代

作为碎片化时代被瓦解程度最深的行业，媒体行业正在分化成一个超级细分的市场，人人皆可成自媒体。互联网时代媒体行业的参与者最重要的是提供平台供大众创造自身真正想要的内容。

第12章 P175

大而不倒：互联网金融的兴起

在移动互联的世界中，银行业中的各个模块正在分崩离析，并将实现端对端的互联网连接，金融将更多地呈现出其社会性本质，分散于互联网经济之中，更加符合互联网经济的流动性特征。

第13章 P191

互联网的第三阶段：物联网时代的到来

物联网时代将意味着一个互联网无所不在却又几乎遁于无形的世界，我们将步入这样一个世界：任何人与任何物皆能通过科技以及我们与计算能力和互联网本身的连接而得以增强。物联网将带来全新的连接与创新的可能，而我们要做的就是对未知世界时刻保持一颗好奇的头脑。

第14章 P205

大游戏时代：通往商业游戏化的未来之路

游戏的概念已不再局限于操纵杆，游戏化机制将进入更为广阔的社会领域，游戏化的种子已经深深根植于我们的行为之中，世界将因此变得更高效、更安全、更环保，也更加有趣。

第15章 P225

系统黑客入侵：好创意，坏名声

如今，人类正迈入互联网黑客文化时代，黑客文化并非技术天才们所独享。便于操作的连接工具创造了一种黑客思维，人人皆可成为黑客。如果某个商业体系可以被入侵，那它就一定会被入侵。

第16章　P235

移动办公和"云端员工"时代的来临

在相互连接的互联网世界中,办公楼将作为最后的工业遗址,被彻底改变,员工的角色将被碎片化和分裂为零散的项目,移动办公楼最终有了实现的可能性。

第17章　P249

从创意到产品:互联网产品发布

互联网时代,分布式连接平台突破了地域限制,让志趣相投的人聚集在一起,今天的市场已经开始自主选择了。只有当个人或企业虚怀若谷,秉持好奇探索的心态,才会有真正的发展,商业是时候该放低姿态了。

第18章　P265

颠覆传统行业的创新者

任何已经联网或即将联网的产业,无论大小,要么已经被颠覆,要么即将被颠覆,试图找到市场的竞争者无疑是一件很愚蠢的事。任何行业中真正的创新很可能来自可预测的竞争领域之外。

第19章　P277

外部效应的本质:我们的隐私真的无处可逃吗

随着诸多行业受科技的影响越来越多,人们的生活将会日益公开化。最新的科技不禁让人望而却步,驻足思考未来的可能性。但只要我们敢于革新,并与他人分享成果,那么一切就会变得越来越好。

第20章　P285

技术与商业的大融合:重新定义 4P 理论

在科技与商业大融合的今天,我们要明白速度就是我们的资本,创造力比财力更重要,合作比控制更有力量。

译者后记　P297

The Great
Fragmentation
and
Why the Future of
Business
is small

第1章

从工业革命时代到互联网时代

工业时代所遵循的规则

不破不立

互联网时代的商业结构重组

营销组合中的 4P 理论

　　工业革命是一场带来诸多益处的变革：劳动者因此享受稳定的工作与更高的薪酬，带薪年假成为现实，而在工会的努力下，工作环境得到极大改善。我们的住所冬暖夏凉，家居便利设施及那些用完可以随意处置的物件提升了我们的居住体验，我们甚至还可以在家中免费观影。私人交通工具的普及与完善的国家交通基础建设相得益彰。家庭车库存放着各式各样的儿童玩具。超市为顾客装配空调，长形货架上的商品琳琅满目，消费者也可以在大卖场选购；政府支持教育事业、医学创新与公立医院等公共服务。我们还能乘坐喷气式飞机纵览云霄。如今我们的平均寿命已超过 35 岁。

　　仍处于工业化阶段国家的居民也因此期待享有更长寿命及更富足的生活。对他们而言，唯一可行的道路便是完成工业化。长寿本身已经极其诱人，而纸醉金迷的生活与随性的消遣方式更是令人趋之若鹜。

　　人类为此提供自身技能与创意，参与构建满足各类需求的经济，并使无数消费产品充斥其中。只有这样，人类才能得到想要的一切物品。这就意味着我们以人类最具个性的手工技艺作为交换代价，成为了冰冷机器的一部分，从而在此基础上获得更多。我们拥有先辈梦寐以求的一切，惊人的生活水准，即使是历史上的那些王公贵族也望尘莫及。然而，这一切的代价就是我们必须为此努力工作。我们大批量生产工业产品并将其消费掉，由此，我们必然成为消费者。

工业时代所遵循的规则

工业革命虽未带来系列条款与条件，但我们都深知教材中一些并未明言的规则。教材仅教授生产致富方法，却从未提及为何此类方法如此重要。

在过去两个世纪的大部分时间内，人类都在遵守这些条款，而其中最为重要的两条是：

我们的物质生活可以更丰富，但是我们必须遵守资本家们制定的规则。

简而言之，个人的创造力在资本家聚合的生产效率面前就如同螳臂当车。这与基本的人性相违背，人类需要合作，创造性与个体差异这些精神深植于我们的发展历史中，幸运的是它们也将继续留存于未来。

消费者与创造者是工业社会的两个不同阶级。工业家们占有生产要素。劳动者独立生产的能力被褫夺，经改造之后为资产阶级独有。资本家表面宣称"我们设计、制造、分销和宣传产品，作为交换，我们为你们提供更高的生活水准。"但对剥削的剩余价值，他们却只字未提。

当人类拥有一切必需品后，这种经济模型便难以为继，也逐渐没落。工业革命的影响正逐步从商业社会消散，因此，我怀疑资本家们是否会因此进行计划性报复生产。

不破不立

工业革命时代的企业在产能过剩的道路上渐行渐远，其商业模式已然落伍。企业若想在互联网时代发展壮大，需要慎重修改经济剧本。这些企业的效率使得高端科技能为其所用，或者至少以低成本使用科技。如果某项产品每年都需要进行改良，并较上一年度成本更高，企业便很难盈利。

在这种情况下，企业盈利的唯一途径便是出售更多的产品，然而消费者可以在诸多的移动终端和电视中作出购买选择。因而，在新经济时代，企业只有推翻原有经济模式，方能获得收益并保持一定的市场地位。

互联网时代的商业结构重组

经济、政治与社会结构正从历时二百年之久的工业时代步入移动互联网时代。构成社会经济结构的方方面面正经历着科技上的重组。然而，变革并非以我们熟知的温和渐进的方式进行。对那些毫无准备的人群而言，这场变革如疾风骤雨般冲击着他们的职业生涯以及他们所经营的产业。产品与服务、分销体系、定价方法以及广告与促销模式均从原本集群、聚合式的商业权力体系中剥离出来，放弃满足各类需求的经济结构，转而向小型、分化、具体及定制平台进行一对一式运营。原本稳定的经济结构也正在快速碎片化。

营销组合中的 4P 理论

为了更好地了解经济体系的变化，我们需要从不同方面对其进行探究。最为便捷的方式就是探讨"营销组合"的构成。营销组合通常包括产品（Product）、价格（Price）、渠道（Place）与促销（Promotion），因此，将其称为 4P。现代营销领域对 4P 理论虽有反对之声，并试图用新理论取代这四种与产品相关的最基本商业要素，但这四大要素却涵盖了商业领域的所有范畴。我们仅在重新配置销售产品时运用 4P 理论，然而无论是用户体验、用户社区建设，还是用户界面设计以及使用反馈等因素，均是营销组合的组成部分，溯其根源，它们则是最基本的经济学原理：何物、何地、何人、何价及何指。4P 理论是唯一能撬动经营获利的杠杆，其构成部分是商品要素的最简洁的形式。四大要素均经过急剧变化并被永远改变。相信我们对 4P 理论进行简要介绍将有助于读者理解本书。

- 产品（Product）。即销售物品，可以是一件实物、一项服务、一个项目或一种创意。产品创造出利润。
- 价格（Price）。即产品售价，无论其数量是公开还是保密。价格包含对供求影响、金融、货币因素考量及支付系统的考虑。当货币转手或交易发生时所涉及的任何相关因素均需包括在其中。
- 渠道（Place）。即产品购买途径以及线上线下配送方式。它需要综合考量个人与组织交换商品与服务的销售体系。
- 促销（Promotion）。包括对出售商品及购买价值的沟通。例如，个人、品牌、机构与政府进行信息交流与传播时所使用的手段。

4P 理论构成了商业经营的独立系统或组合。事实上，个体谋生使用的也是该组合，但多数人没有勇气如此分析。部分品牌或公司侧重某一方面的营销组合与经营，以制造出差异点，从而使此类公司通过协同合作创造利润优势。当营销组合急剧变化时，我们需要仔细分析并重构运营模式。当前，企业或在打破原有产品要素组合，或迫于竞争压力而败下阵来。当产品要素发生变化时，世界也随之改变。而经济配套系统如金融体系、教育系统甚至政府政策均发生联动变化。

自 20 世纪 90 年代初商业互联网肇始以来，我们所见的最大创新便是商业结构的重建。因而，任何一项商业项目均可进行公开投标。迄今，许多工业化时代的遗留机构虽未受影响，但也仅是暂时维持的状况。4P 理论构成要素将会继续被瓦解。

首当其冲的便是促销要素。鉴于互联网正以全新的方式互相影响，因而营销受到互联网的冲击就不可避免。营销本身也是一种传媒，而在新的互联网技术条件下，营销也是 4P 中最易被瓦解的因素。

▶ 传统媒体是指前互联网时代，包括电视、广播、报纸和杂志在内的传统媒体的共同销售点。

传统媒体将在科技革命时代遭受最先也是最大的冲击。开放式沟通并非仅仅瓦解传媒，它将开启快速创新的新纪元。知识交换将波及我们周遭的所有事物，并重新设计商业体系与结构。曾经提供保护的商业架构如今已成为一项经济负担，这一资产对企业而言，尾大不掉且成本极高。或许自 1700 年工业革命开始至今，企业头一次开始弃大做小。因而，所有企业均需解决的问题是：

我们是否应该抛弃过往，重建商业体系？

" 或许自 1700 年工业革命开始之后至今，企业头一次开始弃大做小。 "

在以科技革命为象征的互联网时代，企业需要从零开始制定商业策略。对过往的难舍难弃将导致迅速失去市场地位以及面临财务危机。

　　从零开始的商业策略不仅为适应周遭环境变化，更因为
科技革命浪潮而席卷全球。改变在全球范围迅速涌动，因此，
发展中国家可以越过工业时代直接建立科技推动型经济。

CONCLUSION

碎片化时代趋势	工业公司的权力基础正在瓦解，权力正从少数公司转向更多企业。
碎片化时代商业影响力	工业时代的商业格局正被重新书写。工业时代遗留的基础设施已不再是一项商业优势。

The Great
Fragmentation
and
Why the Future of
Business
is small

第2章

科技革命带来的全球化改革

少数的幸运儿之外

跨越世代的改革

泰勒管理法的负面影响

终身雇佣制将一去不复返

工业化的教育模式

创业文化大行其道

竞争者的真相

全球化的科技革命业已开始，其影响力远远超过工业革命。

少数的幸运儿之外

科技革命并非仅眷顾少数富裕、基础设施完善、政局稳定的西方国家（这些国家人口仅占全球人口的 20%）。除了居住在西欧、北欧、北美、澳洲及亚洲部分地区的富裕人口之外，全球其他区域也将共同参与这场科技革命。正是由于这场革命的准入标准及适应成本非常低廉，才使得这一趋势变得势不可挡。

这场革命一直标榜着"低门槛、小成本及易处置"的特点，低廉的技术成本使得发展中国家人口也能享受移动科技的服务，但这些国家大多数都未曾真正完成工业化进程。一个耳熟能详的例子便是全球的移动电话用户数量（约 46 亿）超过全球的牙刷使用数量（约 42 亿）。以上观点虽然存在争议，但真正重要的是科技革命有可能促进世界的飞跃发展，在这一趋势的强大影响下，经济将不再以线性路径发展。国家可以直接跨越系列工业技术而得以前行。例如，工业式及政府资助的学校教育能直接升级为基于云端和开源式的学习模式。这一现象应引起了商品包装行业、电力行业的大型企业及其他行业的中坚力量的关注。依靠向发展中国家出售产品以获得增长的公司战略缺乏远见。部分科技的发展速度意味着工业生产方式在未来的非金砖国家经济体中不会被终止。

▶ 金砖四国（BRIC）是指巴西、俄罗斯、印度及中国。

　　3D 打印技术（详见第 10 章）使得人们绕过制造业进行生产成为可能。太阳能、风能及其他能源生产方式的快速发展意味着住所能源需求可以实现自给自足。在传媒领域内，创造产品的能力使我们能够获取工具，这将成为经济前行的方向。

全球将参与到这场技术革命中来。

　　这便是科技革命的要义所在，它关注宏观及个体层面。未来商业领袖的职责便是为消费者的独立搭建平台。

跨越世代的改革

　　微小公司进行改革之所以存在困难是因为这场变革将跨越世代。以工业革命为例，它肇始于 18 世纪，若以 30 年为一代人计算（通常低于 30 年），我们已经历经了 9 代生活方式及经济观念的转变。我们从父辈及行业先辈处获得了大量的生产原理与技能的经验。现在要完全摒弃这些历经实践检验的知识并非易事。

　　我们应该感谢弗雷德里克·W·泰勒（Fredrick W. Taylor）及其留下的合理及逻辑化的科学管理思想。泰勒相信工人可被视为巨大工业机器中的一个齿轮，企业应在分析其所从事工作的单个动作及完成时间后，进行设计、迭代及改进，以此促进生产效率最大化。对于体力劳动而言,该方法合理可行,然而不幸的是,在过去的一百年中,"将人类视为机器齿轮"的管理哲学进入了知识劳动领域,人类的创造力及判断力却倒回到了基于表格或量化决策的模式——这无疑是一种不合理的管理创造性决策方法。在我的职业生涯中便有这样一个例子,采购部门介入到了广告服务商的选择工作之中,并贯穿始终而非仅涉及后期的谈判或合同起草环节。

泰勒管理法的负面影响

泰勒的方法虽然有利于提升系统效率,却不合时宜地成为所有商业领域青睐的方法,甚至成为个人职业路径及公司战略制定所采用的方法。这一方法对于学校及教育过程的负面影响远远超过我们对其的正面赞誉。

企业雇主们希望见到自己的投入以及员工都能呈现出一个线性合理的增长;他们希望你的学历也能朝着线性的方向发展;希望作为员工的你只在同一行业中工作;他们还希望看到自己所采取的循序渐进的改进措施能确保你在公司的业绩表现。忘记最有可能定义你成功的是你在公司内部的政治表现,而不是你实际为公司做出了什么贡献。

另外,企业雇主们还希望所有新雇员都拥有相同的行业经验,相同的教育背景,过去在类似的工作职位上工作过,拥有相同的客户,以及同样的分销渠道经验。即使新雇用的经理人不能促进企业的增长,以上的选择标准也是降低企业风险的策略。大型企业将其主要职责放在为防止利润下降而非追求营收增长的做法并不足为奇。只要商业及科技环境保持稳定,这样的举措便一定有效。问题是,我们的商业环境一直都处在风云变幻中，而大多数大型企业的行事习惯却始终保持不变。

"问题是，我们的商业环境一直都处在风云变幻中，而大多数大型企业的行事习惯却始终保持不变。"

终身雇佣制将一去不复返

从传统来看，劳动者往往在获得一份工作之后，便终其一生只为一个雇主服务。聪明的雇主，尤其是那些创业型企业却在寻求阅历丰富的员工，或被称为"全面发展型人才"。

在各个经济领域充满各种变数的动荡局面下，仅仅在单一领域中垂直发展的人才并不完全符合互联网时代的需求。在大变局面前，他们无法有效地预测未来。某一员工或企业在特定领域的专业化程度越高，意味着他们在互联网科技革命时代被他人替代的风险也就越大。投资组合理论总是鼓励我们让自己的投资多样化，而企业的员工们却往往不被鼓励从事与其谋生的行业相同的事业。

于是，这使得员工们陷入了两难的境地：显然，在公司谋取高位主要依靠的是提升自身的专业能力，然而通过这条途径获得成功的人却寥寥无几；另外，这一方式还降低了那些因晋升失败转而选择其他职业人士自身的价值。此类人士的市场定位往往较为狭窄，对其而言，这无疑是一场非赢即输的赌局。创造就业的企业并不在乎此事，所有的风险便转嫁到那些被裁员或停滞不前的员工身上。而如今，企业不聘用经验丰富、视野广阔的雇员的风险已经开始影响到了企业未来的业绩，由此可见，这并不是一项能保证未来收益的人力资源规划。

在过去二十年，随着互联网作为商业平台的开放使用，对于那些留在某行业内兢兢业业工作、以期在企业内部获得晋升的雇员来说，形势并不乐观。虽然许多企业主口口声声说是员工成就了公司，但有时候，你真的很难相信他们所说的是否是他们心里所想的。

▶ 项目员是指为他人的项目而独立工作的人员。

从雇员到项目员

在过去十年中，我完成了自己的角色转变，以降低自己职业生涯和收入的风险。我从一名消费品营销主管变成了一个我目前暂时无法定义的角色。可能最为恰当的词语就是"企业家"了，尽管这一称谓并不会成为我出国旅游时出入境卡上的一个亮点。

事实上，我放弃了单一的"营销人员"职业生涯，转而从事一系列能够为我带来收入的活动，这其中包括撰写商业博客，成立互联网创业公司，投资创业公司，在大学任教，担任科技记者以及广播评论员，制作热点视频，发表公共演说，担任汽车公司董事职位及行业企业顾问。此外，我还出任了政府科技顾问并撰写商业书籍——我不指望这些工作能为我在单一行业之中谋求晋升之路，而是为了在不同行业获取跨界体验。我真正想尝试的是发现各种机遇之间的文氏[①]重合。在每一个职业重合处，我都能够发现进入新领域的入口，而职业间的重合循环往复使得新的机会不断得以创造。这正是商业领域长期以来所进行的实践，即在相关领域进行多元

---

① 文氏图 (Venn Diagram) 是用圆圈直观地表示集合及其关系的图形，称为文氏图（也称韦恩图）。它是用来表示类或集合。这种方法尤其适合用来表示类 / 集合之间的"大致关系"。它也常常被用来帮助推导（或理解推导过程）关于类 / 集合运算的一些规律。——译者注

化经营。然而，人们却很少为了自身的职业生涯发展和收入提高进行相关的多元化经营尝试。每当提及互联网科技时代的职业生涯之道时，我总是告诉别人：一切尽在重合之中。

在这里，最重要的一点是，我并没得到任何人的授权或许可去学习或完成此类职业探索，我所做的仅仅是先人一步进行实践罢了。我确信自己有能力去进行这样一种职业实践，而且这没有任何行业门槛，让我可以最大程度地免费使用民主化知识和网络链接工具。而在横向跨界的工作实践中，我逐渐养成了反脆弱的特质。"反脆弱性"（Antifragility）一词是由作家纳西姆·塔勒布（Nassim Taleb）发明的，它用于描述那些经外界冲击遭受破坏和瓦解的事物得到重组后变得更为强大。通过此类实践，我不仅能够获得多渠道的收入，而且那些经科技革命所检验的各种高科技技能还让我实现了个人指数基金的多元化投资。这便是企业主和雇员都需要完成的事情：减少消耗在职能部门的精力，将更多的精力投入到那些看似不相关的技能和重合上。

工业化的教育模式

我们需要探讨一下教育制度。政府扶持的教育制度就好比工业时代的懵懂孩童，并不足为奇。工业化模板却被套用在了教育制度的设计之中，设计者们以为这样就可以培养出更多能干的工人，并建立起井然有序的政治体系。这一模式将很多价值观强行灌入人们的思想之中。从政府到父母和孩童，再到企业乃至雇员，每个人都学着同样的课程，然后将所习得的知识通过考试重新表述出来。那些在校表现优异的学生进入大学深造，并获得了雇主希望他们得到的证书，借此在一家业绩良好且发展稳定（规模较大）的公司中谋得一职，从此开始其漫漫晋升之旅，并一路希望获得更多的薪资，期待着到年老退休时能保持相对独立的财务状态，这便是我认识的芸芸众生的人生轨迹。走在这条道路上的大多数人也承认，他们基本无法获得更多的财富。工业化的教育模式是一种线性且合理的"乙模仿甲"的模式，它被应用到一代又一代的教育之中，并为其将来的职业生涯奠定了基础。而在互联网时代，这种教育模式已然不再适用，随着新体系和科技不断颠覆着原有的职场，这种模式的境遇将变得越来越不堪。我将在本书的第 16 章中详细进行论述。

不幸的是，晋升至公司高层所需要的技能并不能与其晋升过程所借助的技能相提并论。公司 CEO 们晋升所需的技能仅仅会影响到他们的高薪，以及其拿钱走人、另谋出路时的筹码。

对于大型机构的员工而言，获得成功的两个必要因素是降低财务风险和公司内部的政治表现，换句话说，就是别把预算搞砸了，然后能够保证华尔街季度报表上所需的收入。排除对他们决策的长期影响因素，表现优异的公司高管们必须达到财务报表上所要求的营收数字。没有哪个厚颜无耻的野心家会冒着危及自己在公司的高位及新项目成功率不高的风险而推行即便是能让企业获利的创新项目的。他们宁可纸上谈兵讨论创新的益处，然后坐观新技术是如何兴起并重新定义其现有的市场份额的。这一行为正是企业主们所嘉奖的，因此也就成了多数组织中员工的正确选择。

创业文化大行其道

我们看到如此众多的初创企业后来居上的例子，其原因并非此类企业的领导比那些在公司养尊处优的企业家更为精明，而是因为初创企业对企业家的激励机制完全不同。作为初创企业的创始人，如果你能创造价值和收入，你便成功了。而对传统企业的高管而言，游戏规则则完全不同，他们会将更多的关注放在如何降低企业经营成本并防止公司失去市场份额上，而公司高管们所得到的回报便是获得比普通员工更高的薪酬待遇，无论公司业绩如何，他们和员工之间的收入差距都将持续存在。

是的，在诱人的高额薪酬和白手起家两者之间，存在着非常明显的差距。有些人会说，比较这两种类型公司完全没有意义，因为他们毕竟代表着两种完全不同的人生阶段和不同的收入目标，但这已经不再是问题，在这两种不同的企业框架下，随着一个时代的结束，人们在不同组织架构下如何经营比以往任何时候更重要，无论公司规模多么大，历史多么悠久，那个时代的规则已经完全被改变，我们都需从头开始。

大型公司一直奉行的企业文化是"别在大项目上犯错"。错误是很糟糕的一件事且要付出极高的成本，员工们在这类企业文化的长期熏陶下，形成了这种先入为主的观念。这种思维定势的形成可以追溯至公司的形成历史，而与他们今天所面对的竞争市场的现状没有太大关系。历史上，如果某家工厂设计出现误差，那么其成本将极为昂贵，而且如果将系列产品投放到全国的零售渠道中，那所付出的代价将更加惨重；如果某项在全国推行的广告营销活动未能在受众中产生共鸣，那将是一件非常可怕的事情；如果某个新建成的仓库存在着某种设计缺陷，那将会是一场灾难；如果公司的产品发布失败，那将带来财务方面的损失。在工业化的世界里，知名品牌和企业的一切行为都存在着许多财务限制，这就是为什么我们看到的企业创新大都是以增量方式缓步进行，而"增量创新"这个词本身就包含着一对矛盾体。

然而，在互联网科技时代，犯错的成本被大大降低。如果您正在经营一家非传统工业企业，那么犯错实际上是好事。在互联网企业中，犯错实际上是一种低成本的改良，也是一种经过市场检验的市场调研。它与那些按照人为设计并根据人口统计特征制定研究组的检验方式不同，有时我们所犯的错误是无形的。因为无论发布什么，大家之前既没尝试过，也没有全国广告渠道的支持。但是，错误能够通过计算机代码的重置得以修正。

▶ 非工业公司是指拥有互联网科技时代而非工业化时代本质特征的企业。

竞争者的真相

当然，并非所有公司都能实现互联网经营。工厂、加工厂、仓库及其他一些综合设备，以及昂贵的商业基础设施仍将存在，也并非所有的企业都会使用高科技技术进行经营。制造业实体产品的硬性成本仍然是合理且必要的，它们也仍将是商业领域的一部分。现实是，每家传统行业企业都在与同行业中的互联网企业对手进行竞争。即使他们之间的目标客户群和收入来源大相径庭，也存在着相互竞争的关系。

在互联网时代的大变局中，企业不再仅仅为市场份额而竞争，还要以一种间接的、难以感知的激烈方式展开竞争。企业之间不仅要为消费群体和货架空间展开竞争，还要为更广阔的商业基础资源而竞争。

另外，企业之间还会为了吸引越来越多的客户认识企业并引起更多受众的兴趣而进行竞争。如果一家企业销售的产品越无趣，那么他们花费在媒体宣传上的成本也就越高。企业同样还会为了获得那些能够理解新兴商业业态、并能为企业应对变化提供智力支持的高素质人才展开较量。如果企业无法吸引到此类人才为其行业和品牌工作，那么今后想要寻找到能够带领企业走出边缘化漩涡的人才将会变得极为困难，成本也将更昂贵。

企业之间会就金融资本进行竞争。在一个依靠非传统方式（如众筹，作者将在 12 章展开详细讨论）进行融资的市场中，我们将要和那些财务状况极佳的企业竞争，这意味着我们的筹资成本会增加，传统且成本更高的融资方式对我们将是一个极大的制约。

企业还会就与他人合作的能力展开竞争。互联网时代商业新平台的定位意味着企业品牌越来越需要与人合作，不具备市场缓冲带的企业很难寻求到合作者。企业重组和兼并只有在双赢的情况下才能达成。

此外，企业之间还要就未来展开竞争，而这种竞争将会自始至终贯穿整个互联网的变革过程，这好比我们在为了赖以生存的首要资源而竞争。

这场科技革命所带来的全球化变革凝聚成了一个统一的声音，但其传播范围却仍然不够广阔。

CONCLUSION

碎片化时代趋势	科技革命席卷全球，它影响着地球上的每一个人，而不仅仅是发达国家的少数富翁。
碎片化时代商业影响力	企业在新兴市场推行工业时期的商业策略远远不够。科技革命意味着新型经济体将带动许多工业时代的理念和市场的飞跃向前。

The Great
Fragmentation
and
Why the Future of
Business
is small

第3章

互联网革命的起点：社交媒体

社交媒体对于时代的意义

社交媒体的永续性

互联网对话：群体感知

与工业体系分庭抗礼的社交媒体

创意和创新得以发扬光大的基石：网络传播

民众的声音不再被企业所淹没

社交媒体对于时代的意义

社交媒体是我们正在经历的众多变革中的一部分，它是这个时代的风向标和象征。而科技所带来的无处不在的低廉的网络空间竞争促进了社交媒体的发展，这一事实也无疑告诉了我们为什么社交媒体能够产生如此大的影响力。互联网空间的虫洞广阔无垠，而社交媒体仅仅是开启互联网的起点。我们应该把社交媒体当作互联网革命的开篇章节。

很显然，对于关注社交媒体的策略存在着争议，它会导致人们对社交媒体这一工具过度追捧而忽略了其本身的宗旨。个人与公司热衷于用户、粉丝及朋友的累积并不能解决所有的营销问题，实际上解决之道在于我们对其的准确定位。社交媒体只是一种通过互联网途径改进增强社交沟通的渠道。企业采用社交媒体的营销策略类似于在传统营销过程中尝试与人们建立起一种长期交流的途径。尽管在某些网络事件中社交媒体的作用被过度夸大，但这并不代表着绝大部分人群常规的行为方式。我们所要寻求的社交媒体应该是轻松舒适的，能够解决问题并以人性化的人际交往方式展现，而非仅是企业公关部门或远程计算中心导演的戏剧。我们希望拥有不经网络预处理的人际交往，摒弃社交媒体大鳄的强势与权威，这与我们厌恶那些通过提高音量获得关注的行为如出一辙。我们更希望听到有价值并值得讨论的问题。

近年来涌现出众多的"社交媒体专家"，他们是最早一批教授通过社交媒体谋生的拓荒者。一些专家及部门机构借此大发其财，他们向公司及公众讲解如何充分利用 Facebook 或其他新潮的社交媒体作为强大的工具。这一行业往往一本万利。对于那些仍旧对社交媒体策略充满好奇的读者而言，以下五个简洁、人性化的表述原则可以帮助其窥测到社交媒体的全貌：

1. 人性化表达；

2. 多听少说；

3. 成为他人的资源并为其提供帮助；

4. 与人为善；

5. 拒绝长篇大论。

事实上，社交媒体也是生活。

从具体节点入手可以帮助企业加入到社交革命大潮中去。如果企业的关注点仅是社交媒体本身，那么它们便不可能在更宏观的层面上受益。企业的这一选择就如同在工业革命初期成为机车床使用的专家，甚至仅仅是某一特定机床的专家。懂得使用工具仅能让商业人士成为劳动力（技术层面）而非谋划者（战略层面）。因此，企业应建立适用于任何工具的管理哲学。只有建立起适合的策略之后，具体营销战术才会行之有效。

社交工具在任何时候都可以找到可替代的方案，新模式与技术会不断涌现、更新换代。在互联网时代，工具的更新速度远超工业时代。这也就意味着我们可以牢牢控制当前的社交媒体工具，以不同应用方式灵动地实现各类工具间的零成本切换。

此外，借助社交媒体犹如寄居于他人篱下，只能希望社交媒体的平台运营商不会改变游戏规则，否则，他们后台的些许调整就会使得企业在该平台上的大量投资打了水漂。为了应对此种情况，最佳的方式便是采取多渠道的社交方式以分散连接风险，其中必然包含与受众建立直接的社交联系。

社交媒体的永续性

当然，我们也不能忽视社交媒体的影响力。否定社交媒体在生活与商业活动中的作用同样也有失偏颇。无疑，网络社交媒体提供的直接社交联系为全球带来了普遍的益处。我们应当将社交媒体当成另一种自然形态的人类语言。社交媒体，或经数字化改良的对话，仅是人类对话方式进化中的一段里程。

人类首先拥有的是肢体语言：在渔猎时代，远祖们通过使用面部表情及四肢还原场景，描述情境，这一表达方式留存至今。之后，人类通过声音进行表达，在此基础上，词语、词组到可懂的语言结构得以逐步发展。此后，人类依靠如洞穴壁画及象形文字之类视觉参照物进行表达，而不同的书写文字由此产生，人类借助手抄文本及印刷书籍实现语言的传播及翻译。每种新的表达代码均植根于原有的叙述方式之中。

我们可以想象早期的美索不达米亚居民对书写文字的到来有多么惊恐，他们可能围聚在篝火旁，忧心忡忡地讨论着文字将会泄露所有的部落秘密，而隐私与文明将不复存在。或者新型的书写文字将摧毁某个依靠可听文字而非书写文字实现发展壮大的古美索不达米亚商业组织。这些故事是否与我们今天在小报消息中读到的关于社交媒体的杞人忧天之声如出一辙？

人类沟通工具的迭代发展总是伴随着阻力，正如任何引起旧势力恐慌的新兴科技都会遭受抵制一样。但当新工具的实际价值彰显无遗的时候，更替就成了大势所趋。

我们无意讨论语言进化的决定因素（当前有多种语言诞生理论针锋相对），很显然，熟练运用语言的我们将此视为生存进化的关键所在。人类通过对语言的掌握推动了狩猎、农耕、防御及其他所有形式文明的发展。即使在今天，无论是掌握日常使用的语言，还是特定行话及计算机代码，都能够带来社会及经济效益。专制国家一贯限制教育发展、民众讨论及自由言论有其缘由所在：他们借此抑制人类活动及变革发生。从社会角度出发，我们发现语言的进化植根于前期的交流形式之中。没有任何语言进化能完全取代之前的话语方式，改变仅是交流连接方式的进化增量。网络沟通在本质上也只是人类进化的下一阶段。相较之前的语言形式，网络化改良的对话方式只不过更加深入发展了人类连接的众多可能性。

互联网对话：群体感知

社交媒体平台上的互联网对话与其他出版形式相比，能够将我们引领至更深层次的交流。社交媒体的即时性与跨越地理限制的连接，以及能够包容任何个体与群组的特性，将我们带入了群体感知的领域。社交媒体并不着眼于报道新闻或讲解技巧，而侧重实时沟通正在发生的事。Twitter 因其简洁性以及通过使用标签将自身与分布各地的媒体连接起来，使人们虽然不在现场但却如身临其境，而成为行业翘楚。我们也可以窥测到某一群体的心理，以获得我们欲知的信息。互联网群组中的芸芸众生掌握着我们想要探寻的答案，因此，语义检索便随机而生。直到现在，检索算法仍不适合回答微妙、复杂或者人性化的各类提问，就如同我经常在 Twitter 上查询时所问到的问题。但从某种程度上，我们已经不再需要检索算法来帮助我们回答此类问题，因为我们已经开发出了实时连接群体思维的科技软件。

> 直到现在，检索算法仍不适合回答微妙、复杂或者人性化的各类提问，就如同我经常在 Twitter 上查询时所问到的问题。

从商业及社会角度来看，这便是我们理解什么是社交媒体的最佳方式。它架构起了通往群体思维及人类实时活动的路径。正是这种特性促进了社交媒体而非网络化分布的书写文字、图片及视频的可持续发展并声名鹊起。人类曾经通过电子邮箱及其他网络论坛连接外部，但它们从未像社交媒体这样引发了全球的变革与关注。

与工业体系分庭抗礼的社交媒体

社交媒体之所以万众瞩目并不是因为开发了新型社交工具的科技公司估值飙升（读者应该还记得微软公司购入 Facebook 微分享并为其估值 150 亿美元），也不是因为某位名人代言所产生的结果。社交媒体真正走红的原因是全球的公众意识被带到了那些影响人们生命的事件现场，例如，哈德逊河迫降奇迹，便是由从该客机逃生的旅客通过一条推文首先报道出来的。社交媒体也将我们带至那可怕的日本海啸及波士顿马拉松爆炸案现场。

然而更为重要的是，社交媒体异军突起超越传统无疑是一种对工业制度的抗议，它表明公众不再满足"电视工业综合体"（TV-Industrial Complex）[①] 时代传统媒体的单向式报道。在最近发生的一系列革命事件中，社交媒体工具被公众广泛

---

① 赛斯·高汀（Seth Godin）创造词组，用于解释塑造了第二次世界大战后消费时代的媒体主导式约制及消费范式的结构，详见 http://www.fastcompany.com/events/realtime/miami/blog/godin.html。

使用正是对此的极佳佐证。2009 年 6 月的伊朗选举游行及 2011 年 2 月的埃及革命强有力地证明了我们正在经历着媒体权力的转移。如今,公众所发出的声音能够最大限度地被远播,这是传统的营销预算所无法企及的。在科技与互联网对话工具出现以前,除非我们足够幸运地被少数几家媒体大亨或出版商看中,把我们带到公众面前,否则我们的话语在大多数情况下也仅为自己所知。如果没有新闻报道与其他表达的渠道,又有谁会在意我们普通民众的声音是以何种形式表达出来呢?然而在如今的自媒体时代,人人皆可成为传媒公司。科技发展让每个人都能够发出自己的声音,公开表达自己的观点,上可表达对政府政策的不满,下可投诉企业的虚假宣传。个体与组织拥有同样的潜在传播权力。正是因为如此,企业才开始正视这一深刻的媒体权力转移。在大众传媒中引发关注需要投入大量且持续的努力,但如果某个个体发表值得一听的观点,那么由公众主导的社交网络便会为其完成其余的传播工作。在自媒体时代,独立的声音最值得信赖的,这也是公司所无法企及的。

创意和创新得以发扬光大的基石: 网络传播

梅特卡夫定律 (Metcalfe's Law) 可以简单地表达为,某网络的权力与该网络系统的用户数量成正比。因此,某网络的某项功能用户数量的增加将提升其整体影响力。该定律最早用于描述传真机或电话线数量的网络效应,这两项技术均需要两台以上设备方能使用。然而,随着网络的整体连接数量的增加,网络价值也会和其内部设备的价值同时提高。例如,两台手机仅能完成一次连接,5 台手机就可以完成 10 次连接,而 12 台手机则可以完成 66 次连接。梅特卡夫定律展示了网络与传统媒体"一条消息至全部"的传播方式之间的巨大差异。当然，网络连接以及互联网中的社会服务及其平台的工作原理也是如此。只要有电源，任何人均可在短时间进入该网络。我们对此深信不疑，因为众多科技已无法再从其产品本身中盈利，而是通过产品的使用、搭载其中的广告及出售的数据而创造出最大的利润来源。这意味着互联网工具开发商将倾其所能将产品交付公众手中，因而诸如谷歌 Project Loon 及 Internet.org 等项目在推行公益的时候，不能排除其利己的考虑。

然而这些项目一旦实施，其包含的商业设想将为人类带来极大的利益。网络将遍及全球电力服务能覆盖到的所有角落。这将推动全球人口的迅速再分布与连接。

经网络化改良的对话及社会媒体之所以至关重要，是因为它们是创意和创新得以发扬光大的基石，这也是人类发挥创造力最主要的形式。从紧密连接的社会中，我们所获得的最大启示就是：我们不仅想要消费，还想要进行创造。我们渴望回馈这个世界，并乐于参与到创造世界的过程中，更期待着共同设计我们所生活的世界。

> ▶ 谷歌 Project Loon 指在高海拔地区太空边缘架设旅行热气球扩大全球网络覆盖率。
> ▶ Internet.org 是指由 Facebook、三星、爱立信、联发科技（MediaTek）、诺基亚、欧普拉（Opera）以及高通（Qualcomm）等公司共同发起的、为全球三分之二尚无高质廉价移动科技服务的人口提供网络接入计划。

> "
> 我们渴望回馈这个世界，并乐于参与到创造世界的过程中，更期待着共同设计我们所生活的世界。
> "

民众的声音不再被企业所淹没

企业创立的初衷是在于平摊商业活动中所引起的个人财务风险，通过保护个人增进创新。在工业时代，企业主掌控着社会形态并决定着社会的主流观点。我们经常在社交媒体网页的个人简介中读到这样的话："此处均为本人观点。"为什么要多此一举呢？其背后的含意便是："请给我一些表达独立观点的自由，不要因此解雇我。"人们为之工作的公司让人如此忌惮，使得原该接受企业服务的人们失去了直接表达自我观点的真性情。企业就好比一种微生物，如病毒，沿着自己的路径传播蔓延，而我们每个人犹如细胞只能在其中来来去去，但对企业这种固定的组织形式与规则丝毫产生不了任何影响。

　　如今，借助社交媒体，人类终于又回归本性了。公众也拥有企业曾独占的科技及工具。企业从事的事业，个体亦能完成，甚至能更快更好地以更低成本完成。究其原因，便是个体能够在商业社会获得了与企业同样的资源。商业组织想要在碎片化时代存活的唯一方式便是构建平台，允许人们借此进行创造。纵观新媒体宠儿，如免费的全球电视频道YouTube 以及阿里巴巴这一全球生产中心索引名录，他们均在过去十年间为我们提供了生产平台，借其势，我们才能够更多地从人类连接及创造需求中获得成功。

　　由于我们都能获得生产要素，因此渠道远比所有权重要。假如能摆脱无休止的消费欲望，我们便不应该仅仅满足于购买各类物品，而应该探寻更为重要的时代意义。

　　我们正在碎片化时代中重新连接，我们应该重新开拓自己的道路，而非安于接受工业制度的安排。商业与生活方式不再由机会和可能性决定，而完全取决于你的愿望和兴趣。

CONCLUSION

碎片化时代趋势	交流的含义正扩展到多个层面及范式。社交媒体实际上是人类交流方式的自然进化。
碎片化时代商业影响力	社交媒体并不是信息爆炸的下一步骤。它是人类对话的一种形式，主要为人类交流服务。

The Great Fragmentation

and Why the Future of Business is small

第4章

盒内人生：工业时代的生活范式

我们的盒式生活   "互联网化"并不存在
你的社交圈人数：邓巴数字   这是一场关乎连接的革命
互联网社群的出现   商业已与互联网工具密不可分
虚拟即现实   我们正在离工业时代而去
互联网世界对现实社会的复制

我们的盒式生活

　　第二次世界大战之后，相对发达和民主的西方国家安定舒适，诚如以往人类历史上的许多稳定时期。人们的生活水平逐年提升，除去中间的几次经济衰退，我们见证了稳步提高的就业率及不断增加的收入。精美的家居装饰与惬意的郊区生活相得益彰，这似乎是人类长久以来所追求的一种生活典范：住所宽阔，临近工作场所，公立学校也相邻而设。商场内琳琅满目的物品超越了我们以往任何时候的想象。街道宽阔，通行无阻，驾驶舒适。人们在绿树成荫、修葺考究的后庭享受着天伦之乐。这种生活与工业化之前的发展相比，可谓奢华。未来的生活可以预知并进行包装。我们将其称为"盒内人生"，如图4—1所示。

　　以下是1950年～1995年间普通郊区居民的工作日生活场景：起床，准备工作；进入交通盒——公交车或城市区间快轨，但主要的交通工具是私家车，然后在交通盒内待上一个小时。在交通盒内，人们听着广播中主推的歌曲，发行商希望我们购买专辑（通常一张专辑的12首歌曲里仅有3首好歌，但却能让唱片店不合理地赚取30美元）。在歌曲切换间隙，广播中不断发出的广告声向我们推销着周末可能购买的商品。
总之，人们必须得掏腰包。

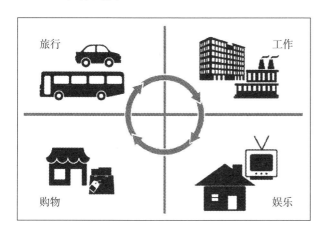

图 4—1　盒内人生

　　之后，人们便来到了一天生活当中的第二个盒子：工厂
或者办公室。虽然所有人都希望从工厂车间晋升至办公室，但
二者均是可以接受的选择，因为人们从工作中获得了比祖辈们
更高的薪水，和更好的工作环境。在工作盒子中，人们按指示
行事，并协助雇主发送装在棕色小盒子内的商品使其最终能够
被出售。工作的目标是能够进入位于角落的高级办公室盒子
内——表面上看这是企业为雇员提供的隐私空间，但本质却是
企业为了降低成本、提高效率，雇员们需要在办公隔断里工
作。许多雇员力争最后一个离开公司盒子，或确保雇主先于他
们下班借此提高自己进入管理层的几率。雇员们还应确保能
在下班前干完手里的活，否则就得加班。当然，较晚离开工
厂或办公室的另一个好处便是返回郊区家途中的交通盒子少了。
　　在结束一天工作之后，人们便返回家这个盒子中休息。
晚餐通常使用节省人力、预先包装好的盒装食品。自 20 世纪
80 年代起，微波炉这个小盒子的发明帮助我们节省了很多时

间，其更重要的意义在于帮助人们可以在公司盒子中加班到更晚的时间，以谋求更高的职位。晚饭后，人们便一整晚地坐在那里欣赏电视盒子中的娱乐节目。电视外形虽已扁平化，但这个盒子在过去几十年中，占据了大多数家庭的晚间时光。在我的祖国澳大利亚，人们拥有四个电视娱乐选择。电视提供娱乐，但更加微妙的是，它塑造了一代又一代人以及他们的观点，并告知人们应从零售盒子中购买何物。

周末，人们前往零售盒子查看一周中在娱乐盒子中想要选购的物品。人们希望可以选购能给自己带来消费愉悦感的商品。人们从零售大盒中选购着自己能够负担或无法负担的商品，这样的享受使得在公司盒子的辛勤劳作变得如此值得，这是我们辛劳一周的奖励。消费也给了人们继续辛勤劳作的动力，人们也确实需要并有资格享用这些商品。

我们的经济便是围绕这些盒子架构的，因为世界正迅速从简单的工业经济转换为炫耀性消费的大时代。我们不仅生活在盒子之中，我们也帮助建造并填满这些盒子：交通、住房、消费品、零售、媒体和耐用品等。我甚至怀疑人类是否通过暗示自己购买更多的商品，并在潜意识中形成了有悖常理的消费需求，也许此时我们已经忘记了盒子应该满足的人类需求，却让盒子本身成了需求。人们默认更多的消费品将促进所谓的生活水准的提升。我们与周遭之人竞相购物入盒，但我们全都清楚，购物的实用性在不断递减，况且消费的全部成本确实要由我们自己承担。

很显然，当自存仓开始风靡西方社会时，我们面临的情况已经非常危险。仅在美国，自存仓行业每年的营收额就达到了 240 亿美元，在过去 38 年中，它是商业地产领域增速最快的部门。起初，我认为导致自存仓增长的原因应归结于房地产行业中居民住宅成本的上升及公寓租金的上涨。然而，

68% 的自存仓用户却居住在独立式的房屋中，65% 的用户家中甚至带有车库。由此可见，自存仓行业之所以风靡是因为人们已经在过度消费了，因此必须将过度消费品存储在外面。另一个体现我们盒内生活无度消费的典型例子便是车库的不合理性。人们通常在车库中存放曾经喜爱但目前已毫无价值的累赘物品，而相对崭新且价格高昂的汽车则停放在大街上。不可否认，人们购买的大多数商品确实品质优良，但我们拥有的这些物品现在却已经开始占领我们的生活了。

人们在盒内生活的时间还不包括因停工、交通堵塞或其他缘由所产生的等待时间。关于盒子对于生活方式的影响，我们可以花费一整天的时间

> 不可否认，人们购买的大多数商品确实品质优良，但我们拥有的这些物品现在却已经开始占领我们的生活了。

去进行讨论，但财务与经济对我们思想产生的影响才是至关重要的。纵观第二次世界大战后的盒内生活，我们发现自己的思维已被置于消费与生产的模式框架之中。我们允许盒式生活的供应商占据我们的思想，限制我们欲求的数量以适应盒子生活，这使得人类变成了盒式生活的囚犯。我们的社会形成了"消费品越多越好"的主流舆论，而正是生活的盒子使这一切成为现实。

名人崇拜背后的准社会交往

在盒式生活的主导下，人类许多匪夷所思的行为便不足为奇了。名人崇拜便是其中之一，也许我们不应为此受到责备。在日常生活中，在我们的客厅，电视盒子里的名人们正盯着电视镜头，以一种亲切、非常人性化的方式与我们交谈着，自然而然地带动了我们的反应。电视一旁的我们仿佛身临其

境，幻想着在电视的另一端，明星们正在以某种方式与我们直接交流互动，而这种感觉是多么地真实，并且这种人际关系在我们看来是有效的。

有一个专门的术语来描述此类现象，那就是准社会交往。这种术语最初由霍顿（Horton）和沃尔（Wohl）提出，它描述了一种单向式的人际关系，交际甲方熟知交际的另一方——乙方，而交际乙方甚至不知道交际甲方的存在。准社会交往的发生非常容易，其发生原因也非常有趣。这难道是一种想象式的生活吗？还是人们在填补日常由企业创造的交际所产生的空虚感？电视与广播出现前，故事的转述大多是由家族和部落代代相传完成的吗？我们无法得知答案，但它确实喻示着传统媒体提供的单向交流方式及盒内的生活方式不是人类所能掌控的。

智人操作系统

与计算系统一样，人类也拥有自己的操作系统（OS），即脱氧核糖核酸，俗称 DNA。DNA 是带有我们基因指令的分子。我们已知的生物体都要依靠基因生长活动。基因的历史大概有 20 万年之久。因此，我们人类的操作系统也有 20 万年的历史，而我们却从未对此进行过一次软件升级。

自工业革命以来，我们的世界经历了过于快速的变革，但从解剖学的角度来看，现代人的进化历程却无法处理或适应这些巨变。在人类发展的历史长河中，进化的过程极为缓慢。我们今天熟知的工业化生活方式仅仅在两百年前才开始，与现代人存在的近 20 万年的历史相比，它仅占人类历史的 1%，只是我们在这个星球上的短暂瞬间。如果你感到无法适应工业化的生活方式，那也无可厚非。试问在我们生活的地球上，是否有一种系统是被设计成处理仅占人类历史万分之一时间的事件呢？答案是否定的。

人类的外在性

虽然现代社会的形成是人类自身行为的结果，但无法融入这样一个世界也的确非常"符合人性"。我们在本质上都是社交动物。人类的交流沟通能力及社会结构是我们能够处于地球食物链顶端的决定因素。但工业社会崇尚效率，并由一系列理性的和合乎逻辑的要求所驱动，因而在许多方面，工业社会形态实质上是反社会的。人性的丧失便是我们为工业社会所付出的代价，随着工业机器轰鸣向前，人类的这一外在性也被随之抛弃。

浅薄的社交池

我们花费在盒内生活的时间改变了我们日常交往人群的社会结构。我们在生活中都有过与自己不真正在乎的人群共事及交易的经历。若非经济因素，我们并不会选择和日常生活中交往的大部分人群共事。换言之，我们与共事的人群建立人际关系虽然并非我们的本意或选择，但却对我们的生存至关重要。然而，这一选择却耗费了我们大量的时间，而我们仅剩少得可怜的有限时间去选择我们内心真正向往的人际交往活动。

你的社交圈人数：邓巴数字

社会学家罗宾·邓巴（Robin Dunbar）认为在人的一生当

中，任何时刻都能维持的有效人际交往人数介于 100 人～ 200 人之间，这便是邓巴数字。邓巴的研究揭示了人类在现实生活中能够维持的稳定社交关系数量受确定的认知限制所牵制。这一数字主要指社交双方彼此认识并存在私人联系的社交关系。另外，邓巴还认为大脑新皮质数量与大脑处理能力间存在联系。邓巴的支持者们进一步发展了他的理论，认为社交群的扩大通常伴随着限制性规则的实施，以确保群组凝聚力及群组公认的规范的推行。也就是说，小型或数量低于邓巴数字的社交群落能够保持有机结构。在该结构中，社交关系能够遵照某种不成文的社会边界正常运行。邓巴数字既不是指我们生活中所认识的全部人群的数量，也不是我们先前曾经保持持续联系的人员数量，它是指人们在一生中任何时刻都能紧密联系的社交圈人数。

新认识的人进入我们的社交圈，而其他人则因人类认知的生理限制，而逐渐从我们的生活中淡出。旧人去，新人来，周而复始。因此，如果我们长时间未给高中好友或在会上泛泛交往的前同事打电话，也不必为此感到内疚。认知能力的限制影响着我们所有人，并且我们对此只能束手无策。每个个体能够保持联系的人员数量主要取决于其社交能力，但每一段社交关系的潮起潮落的确是每个人都要面对的现实。这个有趣的现象值得我们关注，尤其在互联网时代，人类保持联系的能力并不受科技与通信方法的限制。今天，我们在保持社交关系中唯一存在的限制便是保持通信线路畅通的能力。因此，邓巴数字在今天仍然适用。

邓巴数字在人们的互联网社交中同样也非常突出。近来，人们在 Facebook 这一用户数量浩瀚的网络上对邓巴数字进行了科学验证，结果证实，人类无论在网络空间还是在现实生活中，"内部社交圈"的"朋友数量"或者有效的社交关系数量均接近 150 人。

敌占区

究其本质，邓巴数字更多与人类社交频率有关，而并非与我们如何选择社交对象相关。消耗我们社交能力的众多人际关系，是由我们生活其中的工业机器以及我们共事及交易的对象所共同组成的。在现代生活中，这些人群并不一定是我们喜欢、信任或愿意与之交往的。然而，从经济的角度来看，这类人群对我们必不可少，从社会角度来看，却不尽其然，这当中包括我们的雇主、老师和商业伙伴，他们一度与构成我们社交群的可靠家庭、部落及社区成员形成对比。工业机器不断吞噬着我们的时间，我们发现如果停止设计工业机器，我们都将最终无法选择自己的社交社群。人类基于两个现实的标准选择与自己具有亲密关系的社交人群：高频率与高亲密度。我们与他们联系的频次如何？存在多少交流互动（所有类型的联系，包括实际的或因距离过远而进行的互联网对话）？

我们距离某个交际对象的距离有多远（此处距离指物理亲密度及实际生活中的交流）？我们见到对方本人了吗？我们是否未借助技术而是通过在同一地点会面而结识对方？某段社交关系在以上两大考量标准得分越高，就意味着我们与他人的人际关系越牢固。如果我们对那些和我们有着牢固关系的对象进行分析，便会发现我们与之的交际频率与亲密度都很高。

我们需要注意的是，以上两大考量标准揭示出了我们与最为在乎的人的疏密程度。如果你是一位工作狂，那么与家人相比，你和同事的交流频率及亲密程度都会更高。在这种情况下，我们能做的便是祈祷工作社交群中有我们真正喜欢与之交往的对象，这也解释了为什么许多人接受工作但却与雇主疏远。

互联网社群的出现

　　近年来，随着社交网络的迅速发展，我们已然摆脱了地理位置的束缚。在社交工具的助力下，涌现了一批经典的以共同价值与兴趣为基础的互联网社群。纵然千山万水，我们也可选择愿意提高交流频率的交际对象。无间断的数字连接使我们不再囿于地理限制。我们可以超越边界与那些我们愿意共事的人沟通，合作便不再仅仅是为了获得经济利益的无奈之举。

　　我们获得的新型互联网社群以连接创造性意图及互联网合作的能力为基础。在新的语境下，原本基于物理限制而形成的人为隔离墙被推倒了。我们在学校读书时，同桌是我最好的朋友，而座位安排则是根据姓氏的首字母而排序的（有趣的是，早期基于网络的搜索引擎也是以字母顺序，而非以搜索人的真正需求为基础），我们还可能与邻居或同一街道的孩子成为朋友，而朋友关系的建立却不以是否拥有共同的兴趣为前提。虽然此类友谊及实体联系在今天仍然存在，我们却也拥有了更多的选择。一名 12 岁的游戏玩家可以和远在千里之外的同样喜欢最新款大型多玩家游戏的小朋友不受阻碍地成为朋友。这些孩童的父辈们在孩童时期每天只能与邻居的小伙伴们在后院嬉戏玩球，而今天他们与自己的玩伴沟通的乐趣却丝毫不比上一代逊色。这一现象并不仅仅发生在当前的互联网原住民之中，还会发生在这个时代所有人身上，甚至可能成为一种定式；因为我们能够根据自己的价值体系及兴趣选择称心的人际交往，而不再受地理及经济因素的制约。我们职业类型和工作场所的转变是我们在互联网世界中首先创造出来的，而这将转变为我们生活中不可或缺的组成部分，人类根据自己的愿景塑造着人际关系，新兴的互联网连接使这一切成为了现实。

虚拟即现实

　　尽管我们很清楚我们正在经历一场革命，但我们当中的大多数人仍在不合时宜地区分着虚拟世界和现实世界，仿佛这二者分属于不同的星球。对此类想法，我们非常理解。因为一切变革都是如此地激进与新鲜，所以尽管新现实已经成为我们日常生活的一部分，但人们仍需要时间去适应新的现实。大多数新科技所带来的效应是如此地显著，它们甚至改变了我们的肢体语言，如人们触碰智能手机并用它进行交互的方式完全是一种前所未有的全新体验。因此，这些创新让人感到有些手足无措，甚至有些残酷。这也引发了一种呼声：新科技不属于我们，我们并不适应这种与人类格格不入的交际方式。我们面临的是一个全新的世界，我们需要对其重新命名，将其与现实分割开来，以确定我们的生活是否与之相适应。

网外生活与暂离键盘

　　互联网已经成为大多数人日常生活的一部分，因而人们创造了"网外生活"（In Real Life，IRL）一词用于区分某一交际行为是发生在虚拟世界中还是现实生活中。但这一名词却招致铁杆网民嗤之以鼻。他们更青睐"暂离键盘"（Away From Keyboard，AFK）一词，只因他们认为互联网就是一种真实的生活，而互联网也确实是一种真实的生活方式。与其他科技成果一样，键盘最终将被取代，而这一进程已然开始。虽然高质量的语音识别软件总是犹抱琵琶半遮面，但键盘在许多方面已被其他技术取代。大多数智能手机与平板电脑虽然设有虚拟键盘，但其使用频率却不高。在用户体验的设计中，似乎键盘通常被当成一项不必要的界面。如果我们更近一步来看，关于"连接终端或设备"的差异终将会消失。这个世界上所有的东西——从包装商品，到家中的窗户最后都会被连接起来。现实世界和虚拟网络将不再分隔，除非我们有明显意图，希望"闭关锁国"。

虚拟是现实的前奏

从社会角度来看，我们设计的互联网连接——和我们素未谋面的人的交际，或者和某人通过互联网开启一段关系——这只是未来现实交际的序篇。如果我们发现自己并不喜欢和某人通过互联网进行交往，那么我们便不会保持与其联系。如果我们确实对某次互联网上的交际兴味盎然，那么我们就有可能产生想要进行真实交往的想法。我们会索要联系网络那端的人的联系方式，以消除现实世界距离的阻隔，和他们见上一面。根据共同兴趣建立社交网络，继而互联网交际的方式成为了人们传统会面联络方式的升级版本：通过网络寻找志同道合之人，继而成为现实生活的好友。

我们去冲浪吧

我去冲浪时通常会拍一些浪花的照片，然后分享至 Twitter 或 Instagram 上，以便告知玩冲浪的朋友海浪何时最大。分享照片时，我通常会加上"# 冲浪"的标签。同时我也希望我那些不冲浪的朋友（占多数）也能从我经常分享的加了标签的照片中感受一下海边的生活。

　　我注意到和我住在同一地区的冲浪爱好者也有同样的习惯。我住在澳大利亚墨尔本，距离最近的冲浪点仅一个多小时车程。墨尔本因其得天独厚的优势，自然拥有了一大批的冲浪爱好者。于是我开始和 Twitter 上和我有着共同激情的冲浪爱好者交流。我们最先通过 Twitter 中的"# 冲浪"标签发现对方，之后每周末我们都会彼此分享我们的冲浪地点。最为奇妙的是，我们竟可以乘坐不同车辆，在同一时间离开同一座城市，最后抵达相同的冲浪地点。

　　西蒙现在是我的一位朋友，但他之前对我而言只是一个陌生人和冲浪爱好者而已，他常在周中便在网上和我分享冲浪预报信息。他会告知我海浪最好的地点，对我而言，西蒙是一个绝佳的信息来源，让我度过了许多美好的业余时光，而他也认为我非常需要这些信息。通过分享冲浪知识，西蒙也获得许多满足感，但这一切并非以营利为目的。最后，我们这群冲浪爱好者也会聚集在特定的海滩，分享关于海浪信息。我并不记得西蒙的长相（他在 Twitter 上的资料照片是一张海浪图）。他曾告诉过我他的汽车和冲浪板的型号。在某种程度上，选择在某地会面并驾驶不同车辆前往冲浪点是一个极为安全的做法。

　　在几次冲浪之后，我们最终在墨尔本会面，并乘坐同一辆汽车前往冲浪海滩。我们发现自己和对方拥有相同的商业兴趣，甚至在同一行业内工作。互联网工具不仅帮助我们这些志趣相投的人发现了许多共同之处，还帮助我们连接到了许多重要的东西。通常情况下，我们使用的工具更能体现我们的价值观和经验，也指明了我们下一步前行的方向。西蒙和我甚至有着相似的家庭环境，我们最终成为了挚友并共同经营着许多项目。

互联网世界对现实社会的复制

上述我所描述的结识朋友过程完全复制了我们在互联网时代之前的交际方式。现实生活中的对话会围绕特定的话题展开，我们分享着彼此的观点，我们会提及与该话题相关的会面，获取该话题最新的消息并对其仔细进行研究。和有着共同兴趣的人碰面往往会令人非常兴奋，人们热切盼望着下次见面时继续聊该话题，之后便会在一起共事，而最终的人际关系便由此形成，并进一步发展为友谊。互联网世界和现实社会中的交际行为完全相同，唯一的差异就是社交媒介。我们的社会模式与规范并未发生变化，改变的仅仅是我们的社交工具。

交际是人类的社会需求，人们需要有社交活动，并从有价值的社交群中受益，获得愉悦。这一需求深植于我们的内心。未能跨越实体距离的虚拟社交本质上仍然是被隔离开的。我们必须牢记创造发明一定要以人为中心，而非以我们所处的商业领域或行业为中心。因此，人性化的社交工具的重要性正越来越受到人们的重视。

"互联网化"并不存在

互联网化工具及其对未来的改变生成了以 D（英文单词 digital 的首字母）字母开头的系列工作。此类工作是互联网时代的破坏性创造所带来的积极事物之一。它取代了大量传统而繁重的工作。然而企业却对此产生了极大误解，认为此类所谓的新型的互联网工作本质上能够解决一切问题。他们孤立地看待互联网化，对之关怀备至，封存于藏宝室内。无处不在的万维网改变了我们的商业基础设施，但是我们仍不清楚大多数人是否理解互联网仍属于商业战略这一事实。因而，我们应该记住一个简单的事实："互联网化"并不存在，只有生活才是真实存在的。

今天，人们在不同的科技成果之间进行移植嫁接，正如科技革命开创之初我们的做法一样。人类除了将休憩的方式，从盘坐在地板上改为窝在摇椅里之外，并不存在所谓的互联网化生活或者平行的人生。椅子也是一项科技成果，它和我们口袋之中闪着光泽的高科技设备并无二致。因此，人类应该认识到所谓的互联网化战略是一项伪命题。

互联网只是一项策略，就如同其他成功的商业策略一样，其应该充分评估整体投入，并对商业环境进行综合考量。好的商业策略应排除科技的影响，它并不考虑最新的科技成果，而只关心市场需求。从始至终，一项好的策略可以通过现有的各项可用方法和资源来实现其既定目标。

▶ 互联网化战略是指涉及以互联网为基础的商业领域中有缺陷的、过于简单化的战略。

今天你互联网了吗

在本书成稿之时，众多成功的企业还在痴迷着与互联网相关的概念：互联网营销经理、互联网战略师、互联网销售经理等，不胜枚举。企业在招聘网站中也随意使用着"互联网"的概念。所有的商业人员似乎都能拥有一个互联网的头衔。如果我们想要加入新经济的浪潮，我们必须首先"互联网化"，这和读写能力一样平常。

互联网战略时代已经过去，在任何工作岗位前加上互联网前缀的时代已然结束。"无互联网化，遑论战略"的现象本就不应存在。没有花费时间来理解或把握变革机遇的个体或组织等于在表述这样一个事实："我们并不关心能否在当前的巨变之中存活下来。"制定互联网战略和规划"电力战略"如出一辙，并不存在任何价值。在指导方针中多说基础设施建设意味着企业的关注重点出现偏差，企业应更多地关注客户的需求。

这是一场关乎连接的革命

供职于企业战略或市场营销的人员如果不能理解并顺势将互联网化融入工作之中，就落后于变革的前沿。更严重的是，企业内部负责此事项的领导团队也将因此与市场脱节。公司管理层与员工应就此问题进行自我教育。"我们在大学没学过此类最前沿的知识"这类托辞并不会被人们同情。不能进行互联网改革的代价过高，但极为讽刺的是，学习所有这些互联网化"产品"又是如此简单。是的，没有一项技术是难以使用的，技术专家们经过一番努力之后，使得高科技技术的使用对于公众而言是如此地简单。互联网世界中的每一项商业工具都包含着个性化的详细流程，可教会我们正确的使用方法，真可谓是超级营销！图4—2是VCR生产商们在1981年便使用过的方法，许多遥控器制造商在今天依然在使用该方法。

如果您打开电脑浏览，便能够通过互联网学到任何商业知识。以新科技与互联网为基础的经济，也通过网络视频及其他用户友好的界面，以一种简单易学的方式呈现给网络用户。我们除了要懂得如何通过阅读说明，熟练地掌握这项工具之外，更要牢记，这场革命并不是一场关于科技

图4—2　遥控器

的革命，而是一场连接的革命，科技仅仅在其中起到推动作用。

开启互联网旅程

我们应当清楚，开启旅程不是指高深的互联网技能，比如创建智能手机应用，而是在互联网革命到来之前，处于相同工作岗位上的人们需要的新知识。至于这个世界的商业通才和市场营销主管们，他们无需抛弃已有的技能转而成为"程序猿"或者"攻城狮"，他们仅需启动互联网这辆汽车。在商业领域，我们最需要关心的仅是互联网够能否帮助我们达成既定目标，而非互联网工具的工作原理，这些工作交由设计工具的人员即可。

商业已与互联网工具密不可分

商业领袖们的一个惯用托辞是，其工作职责是人力、战略和财务管理，而非成为一堆互联网工具的管理专家。但问题在于，商业与互联网工具已经密不可分。无论是在农业时代、工业时代还是今天，工具对于生产具有同样重要的意义。

我们以全科医生（general practitioner）的工作为例。较之商业领域受科技的影响，他们所经受的科技冲击有过之而无不及。作为病人，当我们希望接受诊断，获得最新治疗手段的建议或者得到医生开出的处方药时，总是希望他们能够使用最新的诊疗工具。如果一位医生在问诊期间坦言他（她）并不想费事学习核磁共振成像（MRI）扫描法，而仅仅依靠X射线，因为前者是其从医学院毕业之后才存在的，那么我们可能早就逃之夭夭，寻求一位不断学习专业知识积极充电的医生的帮助。

我们正在离工业时代而去

人们在一份职业内容无太大变化的工作岗位上终其职业生涯的惬意时代已经一去不复返了。将来虽然我们还需要专家、精通业务的尖端人才，并了解其能够为我们提供何种帮助。我们更加需要成为自己所在行业的全才，想要在工作上硕果累累，我们必须掌握最新的工具和方法。正如医生需要时刻掌握医学期刊和会议上的研究动态一样，新型的行业全才也需要随时充电以备决策之用。这是互联网时代每个人必须做到的，也是新的市场要求；每一位行业新人都需要进行主动学习，此事甚至不应被当成一项任务，这是我们出生的这个时代所要求的。因此，除非我们能够接受这一过程，借助工具进行深度学习，否则我们终将落后，甚而被淘汰。

人类正逐步远离工业时代，营销机构应该意识到客户不会是驻足不前的，他们更渴望利用自己手中的话语权来进行沟通。

CONCLUSION

碎片化时代趋势	我们正在从一个个生活盒子的束缚中解放出来。我们生活的地点不再由基础设施所在的区域所框定，当前的一切事物都已被碎片化并散布在四周。
碎片化时代商业影响力	决定权回归民众，而不再在工业家们手中。

The Great Fragmentation
and Why the Future of Business is small

第 5 章

回归人性化：定义未来的关键词

锁定跟风的消费群   可塑市场

消费者定义下的市场   是企业骗局还是新生事物

穷途末路的最终产品   外包的逻辑

半成品的未来   我们该如何在碎片化时代存活

观人言语，察其心志。

我们所说的话通常反映了我们的价值观，也决定了我们所生活的世界的社会价值与信仰体系。我们周围的人（不管是否正确）也会根据我们的言行来决定我们在其圈子中处于何种地位。以工作面试为例，它实际上就是一次浓缩版的语言测试，根据面试结果来决定某位候选人是否拥有足够的能力或智慧胜任所应聘的工作。

除了一线销售和公共演讲岗位面试外，这可能是评估潜在员工是否胜任该职位的最差方式。但由于人们往往通过对他人所言来决定该行何事，该信何物，因此这一模式却被人们广泛采用。可见，语言对整个商业生态圈有着潜移默化的影响，并对企业品牌的成功有着巨大的影响。

锁定跟风的消费群

我们从商业环境的语言中能够获知特定组织的价值体系和企业文化。当 Facebook 公司宣称希望建立一个更为开放和连接紧密的社区时，其真正意图就好比打算窥探您的贴身衣物橱柜，因为对 Facebook 而言，这仅仅是一项能够为其带来利润的行为。事实证明，这项举措也确实让它赚得钵满盆满的。

我们听过许多含义模棱两可的语言，而使用此种表述的机构往往面临着谎话连篇和误人子弟的指责，但这一点不妨碍这些机构喜欢甚至钟情使用这些语言表述方式，以留给公众一个揣测、热议的空间。然而，在商业环境中，特别是营销圈内盛行的某些语言，却显得陋鄙至极，且无任何藏身之处。在企业主导经济向消费者主导经济转变的过程中，我们应该抛弃一些无用的词语，首当其冲的便是"目标"和"消费者"二词。

听众与社群

目标是人们致力于获取的或瞄准甚至猎杀的对象。人们之所以希望达成目标，是因为它能满足人们的需要，而我更青睐"听众"和"社群"二词。听众是我们希望对之施加影响的事情或人。从听众身上，我们能够证明自身的价值所在，听众在我们身上花费了时间，因此我们必须给予他们反馈，以表达对他们的尊重。听众并非消极接受，他们提供反馈而融入一场表演之中。就如同真正伟大的表演者，知道如何邀请观众登上舞台参与表演一样，我们在近期也欣赏到了一些著名品牌的出色表演。只要有观众在场，我们便拥有了一份责任。我们不仅希望他们能为我们的表演喝彩，欢呼雀跃，甚至要求我们谢幕以后再返场继续表演，还希望我们表演的影响力能在演出结束以后继续扩散出去，我们更希望演出前（人们期待开演并参与其中）后（人们热烈谈论并和朋友分享这场演出）都能够引发他们的关注。如果能与给予我们关注的观众建立起良好的关系，那么我们便有可能拥有一个社群。而这类演出的另一个极端便是我们糟糕的表现或招致臭鸡蛋的攻击。因此在从事经营活动时，我们应该以更为人性的方式进行交流。只有这样，我们才能获得关注并建立起观众群，观众也才能参与至表演之中。这样，一个互动社群便建立起来了。在这个社群中，我们为观众传递价值，而他们则能为我们带来收益（需要注意我们不应将之称为"消费者"）。

关于消费者的释义

将某个个体或群体称为消费者是一种极为令人讨厌的方式。我们甚至可以将毫无价值的绿藻称为"消费者"。用"消费者"一词指代一个群体是一种非常愚蠢的方法，犹如我们看见的仅是一张嘴、一排牙和一副肠子。我们对"大型企业忘却与其打交道的是一群有情感、有梦想和志向的真正的人，而仅将其视为商业寄生虫"的做法已司空见惯。如果这听起来有些粗陋，那我们仅需看看'消费'一词的定义便可得知。

以下是我从不同字典中收集到的出现频率最高的 5 个关于"消费"的释义。

ABOUT　　**消费**

1. 通过使用造成破坏或扩张；耗尽；
2. 吃完或喝光；吞食；
3. 破坏，如通过组合或燃烧；
4. 挥霍（金钱，时间等）；
5. 吸收；全神贯注于某事。

FROM　　根据《兰登书屋辞典（2014 版）》（*Random House Dictionary, 2014*）

消费者定义下的市场

我们使用的语言具有战略性的重要意义，它们不仅仅是一整套简单的语义符号，语言对于我们了解市场有着战略性的重要价值。一旦某个品牌或某家企业将某类人群划定为其产品营销的"消费者"，那么该定位便会对该企业最为重要的企业文化产生影响。俗话说"千里之堤，毁于蚁穴"，该定位将导致一系列糟糕的商业决策的制定。从本质上讲，将人群定义为消费者是一种笼统的、缺乏人性化的方法，公司最终的目的是希望不知名的芸芸众生购买并使用其更多的产品。在这一理念的影响下，公司将围绕着服务大众和降低投入成本这两大主题布局生产设施。这种行为将不可避免地制造出一种公司扩大生产氛围，即公司需要出售更多产品，产品价格必须下调，市场一定要迅速扩张。最终，商品化和价格重心之间形成了某种死亡螺旋。

将人群定义为消费者同样会抑制创新。在这个定义的影响之下，人们对于公司首要之义的理解会产生偏差，即将公司的重心从创造解决方案转移至销售商品之上。如果将某类人群定义为生产品的"消化者"，那企业也无法找到解决人类需求的更佳路径。如果企业在提供服务时，将服务对象物化为一种产品使用行为，那么他们便无法连接并理解客户。

穷途末路的最终产品

在某种程度上，"目标"和"消费者"这两个词成为营销领域的关键词有其道理所在，因为工业时代的多数商品均是最终产品。所谓的最终产品是指以其最终的形式到达最终购买者的产品。只有当顾客支付购买，商品的价值才能通过使用体现出来。当然，我们可以对其进行再次销售，甚至对其进行延期使用，但从某种意义上来说，工业时代的产品被设计出来的首要目的就是完成其产品生命周期。

除此之外，制造者无意对最终产品再进行投入，不会对其进行再设计，并重新投回市场中。工业化时代的省时设备就是为了适应时代的需求孕育而生的。制造者们完成了辛勤制作产品的流程以满足人们的需求。我们可以设想一下互联网前时代的生活，当时的世界充斥着各类最终产品——包装商品、冰箱、汽车、洗衣机、跑步鞋、中央供暖系统、速溶咖啡、服装杂志以及情景喜剧节目等，人们完全可以坐享其成。

半成品的未来

我们生活的时代正见证着品牌重回其真正拥有者——观众手中的过程。企业认为品牌为其所有，但事实却并非如此。品牌依存于那些购买商品以供生活之需的顾客身上。如果人们不再购买某种商品，那么它就将面临着穷途末路的结局。所谓的"免费"商品也是如此，它通过吸引人们的关注获得收益。在这种情况下，商品的定价是对我们耗费在其身上的宝贵时间和有限关注的估值。从商业角度来看，人的关注度价值很高，因为人们会面临着无数的关注点进行选择。如果某个品牌的存活依赖于顾客，那么顾客便对此类品牌拥有某种形式的所有权，二者相辅相成。人们也呼吁能够参与到其日常使用的产品的制造过程中。由此，我们可以看到人们更青睐于半成品的这一转变。人们希望购买自己可以亲身参与制造流程的商品。从高质食材到高端科技，都正在经历着向可塑市场的转变。

可塑市场

至此，我们有必要回顾一下软件的用处。软件允许用户通过对其性能的解读，解决自身的需求。软件最初为企业所用，不同的终端用户会获得不同的结果。20 世纪 70 年代末，"终端用户应该能够根据需求改变软件功能"的思想初见端倪，这也成为了终端用户控制时代来临的先行者。

今天，许多性能最佳的科技产品能够满足顾客的这一需求。更胜一筹的是，它们对技术改进者和草根英雄们均保持开放的态度，为其提供了展现用武之地的平台。此类产品的设计理念便是希望终端用户参与重构而真正解决其需求。手机便是一个展示我们创造但同时可供市场其他使用者天马行空发挥的杰作。一旦某款智能手机被投放到市场中，那任何两部智能手机之间的配置都会不尽相同。

从软件整销到软销售

既然绿屏显示以及能够解决企业需求的软件可以实现人性化制造，那么任何产品都能被赋予人性化。我们可以参与自己衣鞋的设计而仅需多付一笔体验费，当然我们需要记住的是，时尚用品的设计决策是该类物品附加值最高的部分。事实上，采纳顾客的设计已经成为了鞋类品牌的一项行规。而可塑市场的范围也不仅仅局限于那些在线上设计而后发货的产品领域。企业应该牢记，在顾客眼中，互联网世界与其他领域并无差别。人们希望在任何商业领域中，都能见到这种源于内心的体验，人们面临着无限的可能性，即使是无聊的老式零售行业也能从可塑市场中分得一杯羹。

组件零售

组件零售指的是某个品牌将产品组件及原材料发送至商店，然后进行现场组装，这与零售体验如出一辙。这一方法堪称经典，由于顾客可以在其中发挥个人才华创造出属于自己的专属产品，因此，他们愿意为之付出自己的劳动和心血，从而使商店成为顾客的表演舞台。我们经常在许多零售商店的窗口上看到这样的标语——不妨到店里来，动手给自己做点东西吧！此类零售模式与价格及生产因素无关，但该模式更多关注的是顾客体验及其对制作过程的那份美好回忆。

无声的音乐专辑

可塑市场最为登峰造极、引人深思的例子源自一名叫贝克的音乐家。他近来发行了一张完全无声的专辑（我们姑且称之为专辑）。你没有听错，专辑之中没有一首音乐。该专辑名为《阅歌者》（*Song Reader*），于 2012 年末发行，内含二十首乐谱活页。贝克仅为其他音乐家和乐迷提供专辑框架，而"歌曲"的真正创作权则交由用户手中。因此，用户听到的专辑版本便是自己亲自创作的。专辑发行之后，贝克发起了《阅歌者》系列表演会，并邀请其他音乐家友情演出。更为重要的是，乐迷们完全支持贝克的想法，并将自己的表演版本上传网络或 YouTube，其中有些浏览量过万。通过这样一个颠覆常规的举动，贝克成功创造了自己对音乐的无限演绎。通过转移所谓的知识产权，而非着眼于打击盗版，贝克为人们提供了其歌曲的蓝本："这首乐章应该是怎样的，不妨尝试着去创作一首歌曲吧！"贝克的创举也赋予了人性重生的信念。他让我相信，想象力也能够创造财富。那么为何公司不借鉴此举，也出售商品的设计蓝图呢？也许受众能借此创造出更多的奇迹。公众将见证许多公司未能完成的创举，这和社交媒体被草根英雄发展至社交大鳄们无法企及的高度如出一辙。

但我们仍需生产汽车

尽管上文中的许多创意令人叫绝，但我们仍然无法想象一部半成品汽车进入市场交由买家共同设计和制造会是什么样。然而这并不意味着汽车可塑市场概念不可行。我们都知道玻璃屏座舱，因此，汽车内也完全可以设置这样一种由驾驶员自己设计的玻璃仪表盘。我们可以想象一下，仪表盘的前半部分或者汽车驾驶室是一块经过处理的巨大屏幕。人们仅需通过这一块玻璃显示屏连接至云端或智能手机。目前，大多数汽车已经通过蓝牙或其他连接手段实现与智能手机相连的功能。这将在汽车市场形成一个流动的应用商店，它通过为驾驶员提供所需之物获得收益，而非仅赚取消费者的零部件差价。大型汽车制造商应该创设应用商店或进军现有的应用生态系统或平台市场，以提供自身设计的汽车应用或允许汽车用户重新设计仪表盘。已有的软件（智能手机）能够帮助我们实现可塑的驾驶体验。汽车驾驶应用能够帮助驾驶员改变仪表盘的外观、设计和颜色，也能够对声音控制、设备追踪和语音增强系统进行调整。最后，它还能够提高整体驾驶效率和舒适体验。也许，公众还能够极大改善汽车的安全性能，例如通过发明用户传感装置唤醒昏昏欲睡的驾驶员。

▶ 玻璃屏座舱是指装有电子（数字）仪器显示系统通常是 LCD 屏的飞行器座舱。

此外，一旦无人驾驶成为常态，汽车便将成为一个休息室。安全的无人驾驶技术已经存在，而汽车自动驾驶技术的成本也正在锐减。那样人们就可以安全出行，畅游天下了。我们无法预测自动驾驶汽车是否会大规模推广，也许在未来几年至 20 年之内有可能会实现。谷歌公司是无人驾驶技术行业中的翘楚，它宣称在 2018 年之前，计划与几大汽

" 安全的无人驾驶技术已经存在，而汽车自动驾驶技术的成本也正在锐减。"

车厂商联手将该项技术推出上市。当这一愿景实现时，仪表盘科技就能为我们带来安全驾驶保证。我认为该技术在几年之内，而不需要几十年之后就能够实现，因此，汽车厂商应该已经在紧锣密鼓的筹备之中了。汽车行业如果能够借鉴社交媒体和个人计算机技术的发展经验，那么他们面前将会展现出一片广阔的红海。他们所需要的便是锐意革新大胆进取，将他人共同纳入创新的伟业之中。

从产品到平台

企业若想稳步前行，得以繁荣发展，那就必须做到戒骄戒躁，不能想着只要产品能上市就万事大吉，因为即便产品已经推向市场，其周期也远未结束。从当前经济重组中存活下来的公司品牌都能深刻地体会到，产品或服务是一个发展中的连续过程，客户从企业处获得该产品的连续性并继续对其进行创新。好的品牌应成为受众发挥才华的平台。这是工业革命制度下所不允许的。有趣的是，融入外部使用者的创造力的商品往往优于企业管理层最初规划的产品形态。前者之所以能够独树一帜得益于他不再借助模具和样板，从而创造出别出心裁的改进。

是企业骗局还是新生事物

在某种程度上，我们对经典的企业剧中的骗局耳熟能详：大型公司通过无知大众获得免费劳力，大获其利。企业从可塑市场得到的意外收获远远要超过其想象。这似乎是一个邪恶的企业骗局，但事实上让受众参与其中的确是一个让其发挥聪明才智的人性化过程。这也是创造过程的组成部分，通过参与产品的改良过程，用户也可以获得精神与经济上的双重回报。

其实，企业并未要求公众干涉其产品的制造过程。他们曾反对此种做法，且反对之声仍在蔓延。当互联网工具实现之后，人们开始参与到其能够介入的任何事物中。这种激情深深根植于人们的行事习惯之中。这一过程将不断延续下去，而企业也会因顺应潮流（至少是明智的企业）、开始利用新生事物而获利。尽管如此，大多数企业仍仅将此转变视为随机应变之计，并未与其传统经营方式形成真正的差别，甚至认为这仅是生产发展过程中的小插曲。如果是这样的话，他们就大错特错了。

外包的逻辑

"计算机"一词曾经是职位名称。该词最早被用于描述那些整日埋头计算、求和累加、量化评估并为现代社会提供数字指标人群的工作。这个词衍生于动词"计算"，其英文词根经由法语借用拉丁语"computare"一词而来，意指计算、统计或测算。自 1946 年起，该词开始用于指代承担运算任务的电子机器。计算机能够取代人工运算（起初他们只是机械加法机）完全源于一个非常好的愿景：除了数学运算之外，人类应该从事更为重要的工作。人类不仅无法进行非常精确的人工运算，而且这一过程非常乏味枯燥，没有任何人性化的色彩和乐趣可言。尽管在相当长的一段时间内，我们无法摆脱将人类变成为机器服务的机械的有机体的想法。我想将这一时期称为"电子表格年代"。

野牛猎杀的终结

如果我们询问一个 7 岁儿童 "13×7" 的结果，那么得到的回答很可能是："你可以用手机计算器算算。" 这也是一个正确的答案，使用计算器是我们获得结果的一个有效方法，并且该方法得到了越来越广泛的使用。也许将来的儿童将不会制作自己的时间表。那真正的问题就出现了，将来的孩子需要掌握制定时间表的技能吗？这个例子似乎过于极端，但这的确是我们的社会必须关注的问题。你也许认为这些孩子并未做好独立生活的准备，是人类教育的一个笑话。但像我这样一个成年人却同样没有掌握许多现代文明到来之前对人类生死攸关的技能，比如我不会骑马、捕鱼，更别说刮鱼鳞了。我同样不知道如何种植，搭建容身之所，猎杀动物养活家人。就现代文明到来之前的求生技能而言，我就是一个无用之人。如果把我丢在萨凡纳草原上，我完全不知道如何果腹，还能生存吗？同理，我们不禁质疑计算能力在后工业化时代的价值，也许它还有用，但这是我们赖以谋生的手段吗？这项技能能提高我们的价值吗？随着普适计算的出现，我们还需要依靠记忆吗？在任何一个已知事物都能被随时精确地获取的世界中，我认为我们无需拥有这些逻辑技能，而应着力于更为人性和更具创造性的事业之中：将世界上看似分离的各个部分连接起来，这才是碎片化时代的价值所在。以下是我对此的一些思考。

事实上，我们在逐步将原先由左脑负责的逻辑功能交由电脑中央处理器 CPU 完成，并非因为这些待处理事项不重要，而是因为将这些事物以创新方式融合在一起，能带给我们情感和经济上的更大回报。工业革命将人类从繁重的体力劳动中解放出来，而科技革命则让人类无需再费神进行人工计算。我们应该正视这场革命人性化的一面，而无需担忧我们的某些技能会因此退化消失。

- 我们无法以分离测试的方式谋求更好的世界。如果我们将两个坏主意进行对比的话，最终胜利的还是一个坏主意。
- 任何一种算法都无法直接预测出其生态范围参数之外的事物。

那个风尚引领者决定一切的年代

在互联网出现之前的现代营销时代，企业获得成功的最大因素在于大批量：大批量制造；大规模消费；大型机械；大众媒体以及大卖场经营。当人们将所有这些元素捆绑在一起并形成有完整结构的聚合体时，大众流行文化便应运而生。大批量结构本身需要流行文化热点以维持自我延续，该系统与大众流行文化相辅相成，小众品味却在其中无立足之地。这就意味着我们拥有了一系列的风尚引领者，他们决定着我们的爱好，其中包括电视节目经理人、杂志编辑、新闻策划人、零售采购员和营销经理。这些人共同决定了可供大众选择的系列时尚品。基于大众无法知道其他资源的存在，因此，这些人便拥有了绝对权力。如果这些替代消费产品与我们之间仿佛隔着千山万水，那么我们也便对其无从知晓。在前互联网时代，我们的视野受限于那些普通且离我们生活范围很近的商品，或是享誉全国的热点，因为风尚引领者们决定着制造、推广并付费将这些商品出售。也只有风尚大佬们才有可能引领这些潮流，而普通民众只能将货物从货架上装进购物车，只能在免费电视中观看少数几个栏目。在那个时代，小众品味的支持度远没有今天那么高，大批量体系导致强权式的文化现象。我们曾经耳熟能详的魔方、霹雳舞、BMX 小轮车、椰菜娃娃、情景喜剧、忍者神龟动画片、磁带录像机、随身听、有氧运动、暖腿套，可口可乐和百事可乐之争，邦迪、微金属音乐、《比弗利山警探》、任天堂公司、吃豆人游戏以及萤火虫都是由专人选择之后推介给大众的，他们决定了我们的需求以改善我们的生存。当然，他们是正确的，大众确实需要这些东西。但大众需要表达情感，这些潮流是当时仅有的选择。大众需要紧跟潮流，参与其中，潮流无疑至关重要，它们构成了见解，而趣味相投的人构成一个社区，社区则是人类自然倾向的组成部分。

利己的年代

大众营销是资本家们包括金融资本家和思想领域的大鳄设计并使用的一种利己式的营销方式。在其影响下，见识不广的普通大众无一幸免地受其影响，也都因此喜爱市场上那些被竞相追逐的大众商品。

除了上述的潮流趋势，利己营销的案例汗牛充栋，并已形成定式。即使是现在，某些利用该方法的行业仍在浑水摸鱼。以下这一案例便是笔者最感兴趣的利己营销法，它的致富之道完全是建立在公众的诸多不便之上的。

挤奶式零售

在传统的实体零售中，有一种概念叫"零售冷点"。它位于商店的偏僻角落，一般情况下，消费者并不会特地前往或者从那儿经过。商店越大，存在零售冷点的可能性也就越大。因此精于算计的零售商人们便将最为重要的货物（吸引大客流量的物品）放置于此。这样就是为什么每当我们前往大型超市，或者本地的街角小店和"7-11"这样的便利店购买牛奶时，牛奶往往会被放置在商店后部角落的缘故，这一现象延续至今，因为它能够带来经济效益。人们穿行货架前往牛奶区，沿道购买了许多根本不需要的物品，但自己却毫不知晓。这些冲动消费品中包括巧克力棒和薯片等。零售商们由此获得了更多利润，但谁又会在意那些蒙在鼓里的消费者呢，正所谓利己至极！

我们再将同样的场景移至网络零售商。认真思考一下，如果网络零售商在其销售网页中将人们真正需要购买的物品隐藏在人们无意购买的商品之后，你本希望在网上购买一本图书，但却为此打开了 23 个不相关的网页，才最终发现你寻找的商品，你可能早就耐不住性子了。如此经营的网络零售商根本无法吸引到顾客进入网站，反而会被贬斥为最差的用户体验，而顾客则会转身寻找其他网站并完成消费。

如果我们将实体零售商的某些策略转嫁到虚拟世界中，效果便可能会贻笑大方。然而，事实上，线上未发生之事，线下也不可能存在。事实就是如此地简单明了。从长期看，重视人的战略才能够保证企业细水长流，利己的策略仅能逞一时之强。商业的本质是价值创造，而非价值榨取。

我们该如何在碎片化时代存活

显然，企业急需行之有效的商业模式。现实中亦不乏通过各种别有用心的技巧来盈利的企业。但每一位零售商内心却深谙其工作本质是用童叟无欺的方式让顾客放心消费，而通过环境诱发人们潜在消费行为的招数并不高明。笔者认为互联网新工具也将继续揭露这些行为，最终让使用这些伎俩的企业面临惩罚。

营销准则

雷电警告……

以下的这些营销准则可能会颠覆你的想法，它听起来有些华而不实，但确实非常真实。我在职业生涯的前15年是为世界上最大的商品包装公司工作，每日耳边萦绕着即将向你呈现的这些营销用语，但我真切地希望它们能从未来的商业策略中消失。

营销用语中有很大一部分是内部专用的表述。企业与消费者进行交流时，绝对不会直接使用这些语句，但在与相关部门的沟通和企业内部的讨论之中，这些用语却常常出现。为了防止你在公司会议场所误用这些语句，我使用自己的语言来描述这些现实场景。

- 计划报废。我们制造出来的产品将会在未来故意报废。我们需要略去产品的部分特性，以便让消费者在将来重新购买或进行升级。
- 设置障碍。我们将从产品上市之时起购买电视每一个频道中的广告时段。只要消费者观看电视，或者浏览任何形式的传统媒体，我们将阻止其他信息的出现，而大力向其宣传推广我们的产品，即便他们对此毫无兴趣。
- AWOP（平均购买比重）。我们将让公众购买我们更多的产品，即使其完全不需要此类商品。每年我们希望人们拥有我们更多的产品，以保证我们的系统更加高效。我们将进行"买二送一"的促销活动或提供折扣来诱导其进行购买，消费者即使进行理性分析，也无法拒绝我们的产品，当然我们也完全清楚消费者所买之物无法使用，不能食用，最后只会是一堆废品。
- 品牌忠诚度。我们必须确保消费者只和我们进行交易。他们必须对我们忠诚（而非我们忠实于消费者）。这种单边忠诚将为我们的品牌服务，但我们不会向消费者回馈任何恩惠。

- 家庭普及率。我们必须努力入驻人们家中越多越好。我们不会轻叩其门，而后彬彬有礼地与其建立相互信任的服务关系。我们要尽一切可能进入他们家中，消费者是否想要我们的产品一点都不重要。
- 同类相食。只有当新产品不会占据我们过多现有销售额时，我们才会推出新产品，即使新研发的产品能为消费者提供更佳服务。我们的宗旨是赚钱而非服务大众。如果新唱片的利润额高于其替代品，我们将淘汰旧产品并强制消费者进行新产品的消费。

诸如此类的营销用语数不胜数。读者可以通过购买此类书籍并有计划地从中学习。然而我却认为它们粗陋无比，更不适合没有长期规划的业余营销人员。

创造主体多元化

在电视占据主流的工业革命时期，我们误以为厂商和营销商拥有某种魔力，但事实上，他们只是能够获取普通大众无法得到的工具而已。而在互联网时代，我们却拥有了无数无法被蒙蔽的渠道。互联网上的博客写手的创作水平和思想深度堪比《纽约时报》的专业记者。YouTube 上爆红的视频制作者的创作才华丝毫不逊色于全球顶级广告公司的导演。而网络商店平台 Etsy 上设计师的天赋和敏锐度与著名的伊姆斯事务所的作品难分伯仲。

把锤子给我

当关键的工具交到大众手中时，我们意识到我们和那些风尚引领者们拥有了同样的号召力。即使运气、资源不如他们，但我们同样能够完成他们的工作。事实上，当工具和机遇被赋予普罗大众时，改变就已经开始，正可谓"渠道为王"。某些创作型作品的背后有着特殊的故事，它可能是一份礼物而非一件作品。某些普通民众可能在周六深夜还在博文中就某项议题笔耕不辍，因为该问题对他及其所在社区而言至关重要，而其论述极为精辟，极有可能成为我们研究该议题的必读之作。通过这一方式，人性中的积极一面被调动了起来。我们想要的也仅仅是更为人性化的东西。

合作、创作方向和有悖常理

今天，网络店商和新型企业与以往最大的区别在于率先给予。他们的商业哲学是先合作（并提供资源）再买卖。持续良好的用户体验为终端用户创造了价值，通过彼此建立互信，最终在双方都感到满意之后再开始交易。而工业时代的经营理念则与此截然相反，他们更常说："这是我的产品和定价，我们做笔买卖吧，如果你购买我的产品而且频率较高的话，我会在之后对你的忠诚进行嘉奖。"航空公司优质客户奖励计划便是如此运营的。

相反，互联网时代新型企业会采取与顾客共同协作空间模式，首先强调互信和交流，而后才是交易。世界上大多数商家与顾客共同协作的经营理念是："您可以进店来，或者我们一起出去走走，一起干点活儿。喝杯咖啡（咖啡机在那），这是 wifi 密码。如果几周后您觉得满意，那我们就签订合同，租用这张办公桌。"这种商业模式本质上是互相协作的，先人性化，后商业。

有时候，我们甚至需要提醒自己这场变革之剧烈，以至于我们的所见所闻会与我们对某些大型企业的期望截然相反。以全球最大的两家社交媒体企业 Facebook 和 Twitter 为例，他们都建立了跨平台式的分享机制，而整个社交网络内部也实现了这一功能。这就意味着某用户在一个社交平台上发布的内容可以自动分享到其他社交网站上。但是我们却很难想象六听装的可乐里一半是百事可乐，而另一半则是可口可乐。但在互联网时代，合作相对于竞争，的确是一股更强劲的趋势。不仅仅因为合作模式将用户需求置于首位，更因为合作营造了社交媒体生态系统，惠及同业对手。

▶ 合作是竞争组织之间相互协作共建更为强大的生态体系。

在互联网时代，人类的创造性已经被释放出来，营销人员也已经开始注意到已有的传统统计资料无法再有效地预测人们的行为了。

CONCLUSION

碎片化时代趋势	我们将不再是工业机器的组件。我们正在挣脱办公室和工厂的束缚，建立更具人性化色彩的未来。
碎片化时代商业影响力	凭借三寸不烂之舌出售产品的时代已经结束。互联网科技时代企业应该与顾客以非商业、更加人性化的方式连接。企业行为应更具有人性化，而不是只抱获利目的的利己组织。

The Great Fragmentation

and Why the Future of Business is small

第 6 章

已成明日黄花的人口分析法

人口分析方法已成明日黄花

如何定义青少年

窃取音乐或是连接行为

营销 1.0 版本

互联网新营销方式

互联网新的交汇点

社会 + 兴趣 = 关注

我认识你吗

激活兴趣图表

彻底的微营销

　　如果你在过去六十年的任一时间中学习过营销理论，那么你所学习的内容中很大一部分有可能与人口分析有关，即根据人口行为将其划分为不同群组的统计方法。人口分析根据人们的信仰及可能行为模式的差异，将人类划分为不同的群组，然后根据其特征以更低成本进行营销。这曾是令我受益颇多的营销理论，但之后的经历让我意识到"现实世界"中我所观察到的一切事物均与人口分析理论相悖，我一度认为这一理论非常正确。但当我仔细观察人口分析的研究范畴时，我发现它不是一种相对精确的评估方式，这一点都不足为奇。一旦营销人员进行深入剖析，他们便会发现人口分析这一工具已经不再适用于营销领域了，我们已经拥有了与想要倾听我们的观众更好的接触方式了，新的营销方式不再以人口统计学家对某类人行为方式研究为基础，向那些可能对我们的产品感兴趣的大规模人群进行兜售。他们所使用的营销手段甚至可能更为粗陋。

　　事实上，人口特征绝大部分因素都不能够长久存在。市场的选择有限，自我表达也同样受限，人们之间相互连接的能力很大程度受制于地理因素，而给予我们信息的人群和风尚引领者则决定着我们的文化。人口统计学方式的本质决定了其粗劣的外在形式。我们现在能够自由选择自己想要的物品，因而人口统计方式也将产生巨大的变异。

任何一种商业方法都有其局限性，我们都只能使用属于我们自己时代的方法。不能说人口分析这一方法如何经典，但它的确是第二次世界战以后消费爆炸性增长年代中，我们在营销领域的最佳选择，而该方法也确实有其实战价值。但当我们拥有更好的工具时，商业领域的决策者们应当采用新方法并使其不断发展，而当前便是我们采纳新的营销方法的最佳时间。

人口分析方法已成明日黄花

人口统计学通常使用以下指标来建立不同人口群组或对人口特征进行归类，以供营销之用：性别、年龄、收入状况、教育水平、种族、所属区域、使用语言、流动性、住房所有权及就业情况。这些均是人口学家和营销人员最常使用的指标。但是在今天，许多指标已经不再具备参考价值了。

如果认真观察，我们就会发现这些指标更像某种歧视人类的行径，而非得体的营销工具。这些评估措施不仅在政治上是错误的，而且非常粗俗且违反法律。令我深感庆幸的是，我们已不再受到这些荒谬理论的左右，然而，大多数公司及其营销策略却仍然止步不前。

我们不禁要问为何陈旧、效率低下的工具需要耗时良久才能从公司的营销策略文件中消失？究其原因，公司高管层之所以依旧相信此类方法，是因为他们过度关注公司的盈利状况而忽视了其营销工具早就需要进行更新换代了。

并非这些人口统计因素不能预测人们的行为，而是当我们将其运用于不同人群的消费心理分析时，得到了很多错误的反馈。根据其得出的实验结果，将会错误地说明某种特殊状况和特征的存在。在一个全方位连接、能自由选择导向的互联网世界中进行行为预测，人口分析法的结果将漏洞百出。预测性数据并不可靠，我们需要可信度更高的真正数据。

在流行文化中取得成功的价码

1968 年，近代著名艺术家安迪·沃霍尔（Andy Warhol）宣称，在未来，每个人都能当上 15 分钟名人。根据我们对那个时代的了解，我们知道这是一个不错的想法。人们获取成名工具（主流媒体）的渠道有限，必须经由风尚引领者选择才有成功的可能，这也就意味着人们只能期待天上掉馅饼。而现在，只要愿意被选中，知名度可以一直得以保持。甚至要在一个真正重视公众热点的人群中脱颖而出，获得声望亦非难事。如今的景象已与安迪·沃霍尔当初的描述截然不同了。

曾经人们要想在流行文化中取得成功必须不断押下赌注。成功的花销包括基础设施建设的巨额成本，或者租用基础设施中成本昂贵的部分——不仅仅是工厂和生产体系，还包括在短暂几秒之中获得人们关注的费用（昂贵的电视广告）及大型零售商的货架租用成本。商业供应链体系中的这两项昂贵费用使得成功仅仅是少数财大气粗的企业的独角戏。

大众消费才是商家最爱

大规模零售方式意味着商品需要借助大众媒体推广出售。因此，厂商需要尽其所能制造"质优价廉"（我知道二者是矛盾的）商品，他们需要为普通大众生产此类商品以支持价格体系。流行文化不太可能支持利基市场的发展，因为相对于大众消费来说，小众爱好几乎可以忽略不计，在大众媒体拥有绝对话语权的时代，小众消费的呼求已然被淹没。在那样一个时代，知名品牌更可能在巨额预算的支持下崭露头角，而非依靠其独特的创意或出众的产品质量。作为营销人员，最希望的就是与大众需求保持一致，这样才能使得其工作更为简单，收入也更多。

选择的武器

失败的经济成本非常高，因此降低风险是人们考虑的首要因素。在任何组织中，一个项目是否能获得批准并不因其诱人的前景，而是风险是否得以掌控并备有使其最小化的预案。降低风险所选择的武器便是人口统计学。企业通过综合考量系列因素，最终确定"潜在"的受众。然后企业据此选择系列传播方案，以发现符合条件的人群，通过使用恰当的营销方法一举拿下这些人，在这一过程中，企业会发现大部分投入的资金都打了水漂，甚至连水声都没有听到。事实上，如果企业能将目标人群的 30% 转化为顾客，便算是大功告成了。这不禁让人想问，在一件失败率高达 70% 的事情上孜孜不倦是否有点奇怪。

而媒体的推销员则宣称企业可以依照成本—利润比率来投放广告宣传，但事实上这些企业也在为非目标客户支付成本。更糟糕的是，这还不包括获得宣传信息的目标人群，对企业的营销干扰产生反感厌恶，特别是当广告出现在电视电影情节最让人揪心的节骨眼上。总而言之，根据人口分析购买传媒服务是一项结果不确定的赌博式游戏。

请勿将我围入其中

人口分析的奇怪之处在于其结构分类是由媒体决定的，而不是根据民众喜好及信仰所作出的反应决定的。大众媒体非常喜爱人口统计的概念，因而，他们为不同人群创造了许多昵称，并兜售这些笼统的提法，例如，婴儿潮一代，无名一代，Y世代，巨变世代等。这些概念都是为了简化销售流程。大众媒体根据自身为民众定制的内容，从而划分不同的人口组别。试想一下，年轻家庭是否真的喜欢观看1990年～1995年期间的情景喜剧呢？抑或年轻家庭通过观看逐渐培养起了对1990年～1995年间情景喜剧的爱好，因为当时每个电视频道从早到晚播放的均是此类节目。美国儿童是不是都喜欢排名前40的歌曲呢？抑或他们喜爱音乐是因为20世纪后半叶电台节目中反复播放的就是这些乐曲。

在那个年代，聚集观众群可能性更高，因为媒体也参与了这一过程。每个人口群组能够观看到的内容均由有限的几家媒体所决定的，他们在相同时间中播放着同样的节目。他们之所以为某个人口群组播放着相同的广告，是因为他们认为这些产品适合这类人购买，而零售商也只选择出售在全国范围内广告推介的商品。有限的选择造就了不同的人口分类，而非由不同的态度和期望所形成人口的不同分类。

我们也很难摆脱"规范"的束缚。我们按照正常和可预测的时间工作上学。要想摆脱这些规范的束缚并不容易，为了更好地维持秩序，人们被强行灌输接受此类人口行为模式。但这种体系正在瓦解，除了年龄和少数几个地理限制之外，人口统计学已经完全不再是一项有效的营销工具了。

如何定义青少年

今天，我们该如何定义"青少年"一词呢？目前，多元化的选择促进了全球紧密连接，随着商品价格的下降，以及可支配收入的提高，那今天的青少年又会喜好什么呢？今天的青少年行为和 1985 年的青少年有何差异？定义青少年及其行为并非易事，事实上，今天的青少年常常参与各类兴趣小组，不再囿于地域限制，甚至做着与其年龄并不相符的事情。因此，营销人员需要弄清楚以下问题的答案：

居住在同一地区，上同一所学校，拥有同样的种族背景，平均收入大致相同，都属于以下群体一员的青少年的相似度有多少？这些群体包括：哥特派、朋克、冲浪者、滑雪者、劲舞迷、运动爱好者、音乐家、低腰裤爱好者、黑色忧郁者和游戏玩家等。

这些来自不同分组的青少年都听一样的音乐，穿同样的衣服，在同样的地方玩耍，吃同样的食物，阅读同样的书籍，观看同样的电影，甚至喜欢一样的品牌吗？

也许我们唯一能够确定的便是这些人都购买科技产品，以便自己能和同伴们保持联系。

窃取音乐或是连接行为

关于青少年转变的话题，即他们是如何通过相同的兴趣爱好而非其人口特征彼此连接的，我最感兴趣的一个案例便是纳普斯特（Napster）这款音乐下载软件的两位创始人——肖恩·范宁（Shawn Fanning）和肖恩·帕克（Sean Parker）的故事。他俩曾是三年都未曾谋面的网友。他们通过 IRC 这款网络聊天室软件"会面"，然而他们的首次见面却是在 Napster 成名之后，共同前往投资者处会晤时。他们开发了 Napster 这款能够让人们通过在线音乐进行连接的软件。

范宁宣称，将志同道合的人连接起来是 Napster 在初期就能够获得成功的最关键因素。Napster 并不是一款非法下载音乐的软件，它是一个帮助人们找到在现实生活中无法找到但又特别喜爱的音乐的搜索平台，人们还可以在此寻找到有着共同音乐品味的人。他只不过把青少年们从欣赏密纹唱片时起想做的事变得更为简单便捷，人们也能通过 Napster 分享音乐。数字音乐档案让音乐欣赏过程变得极为便捷，也让人们能够围绕音乐建立起不同的兴趣小组。转瞬间，朋克摇滚歌手就找到了朋克音乐资源，而哥特派则发现了在唱片商店中并没有发售过的哥特乐队专辑。人们在互联网世界中实现了边界跨越。在线分享的思想也由此应运而生：人们首先分享音乐，而后是兴趣，最后则是生活中的各个片段。

营销 1.0 版本

大众媒体时代的营销过程是直线形的，其发展方向完全可以预知，只要企业有勇气去冒险进行大量资金的人投入，便可以相对容易发现其方向。其具体流程如下：

1. 确定目标人群；
2. 调查既定人群的特征；
3. 设计大批量生产的产品；
4. 根据定性研究法调整大批量产品的生产；
5. 获取大规模的分销；
6. 购买大众媒体服务；
7. 重复投放广告；
8. 使用现有的生产设备，对产品进行逐步改进。

然而，这种直线式的营销流程已经不再奏效了。商业环境和深入市场的方法已经分化成了非线性、无法预测的碎片。

在我们生活的这个碎片化世界中，独立游戏厂商设计的游戏都有可能被翻拍成动画电影而畅销全球，并与迪士尼影片分庭抗礼（想想《愤怒的小鸟》）。而众筹能够为一项可穿戴计算设备如 Pebble 筹集足够的资金，使其先于苹果或谷歌公司率先进军智能手表市场。

互联网新营销方式

表 6—1 展示了传统营销和新营销之间的不同之处。

如今，商业领域的反馈循环机制不再是营销流程中的一个部分，也不再是产品销售之后企业便不再回复任何产品问题或对其再增加投入的互动时期。相反，反馈循环是一个动态、永续的过程，品牌管家和产品用户均参与其中完成反馈过程。科技使得这一碎片化过程难以被定义，企业需要不断进行产品试验和迭代升级。产品制造的开启与终结与过去完全不同。营销人员们需要摒弃推广某项产品的惯性思维。

表 6—1　　传统营销 vs 互联网新营销

过去：大工业时代的大众营销	现在：互联网时代的全方位连接
猜测	连接
制造	知晓
广告（大规模介入）	共同设计
希望	交易

互联网新的交汇点

如果我们不再使用人口统计作为营销工具，那么我们如何连接潜在客户呢？如果企业放弃了传统的深入市场向顾客进行营销的方法，那么他们新的经营方式又该是怎样的呢？（注意，营销并不邪恶，营销非常迷人而有力，只是我们需要以更加人性化的方式进行营销。）如果营销人员认同这一理念，那么在与顾客沟通之后，他们将会面临更好的结局。

我们需要使用社会和兴趣图表取代人口统计营销工具。

社会图

社会图是指人们通过互联网方式建立起来的人际关系网络，并借助虚拟连接将其保持下去，社交媒体工具使得连接的传播速度更为迅捷。理论上，与现实世界中的交际关系相比，人们更容易在互联网世界中建立并保持连接。

兴趣图

兴趣图是我们真正感兴趣的事通过在线得以呈现出来。它基于我们的价值观以及喜好行为之上，因此，能够体现我们真正的爱好取向。兴趣图非常重要，它不仅记录了人们曾经参与的活动，还展现了人们的愿望，例如，他们想去哪儿，希望购买什么物品，希望追踪谁的动态，与谁会面以及他们希望改变什么。

社会 + 兴趣 = 关注

当社会图和兴趣图交汇时，事情就会变得非常有趣了。我们能通过融合社会图和兴趣图发现每个个体的关注点。当人们在社交媒体连接的帮助下，根据共同兴趣发展其社交关系时，我们便能发现其真实的性格。事实上，大多数良好且长久的社交关系就是这样建立起来的。只不过在互联网时代，我们能够更迅捷地建立这种关系，也能发展出更大的有着共同爱好的群体，而找到情投意合的伙伴不再依靠运气。如果营销人员亲和力强，善于合作并乐于助人，那大多数人也会将其纳入到自己的朋友圈中。现代营销需以礼貌的方式进行，这也是所有良好关系的共同特点。

城市的故事

除了影响社会群体外，社会图和兴趣图也正在重新定义城市。一个有趣的悖论是，日趋同质化的城市之间也越来越表现出较大的差异性。让我们来对此进行解释。

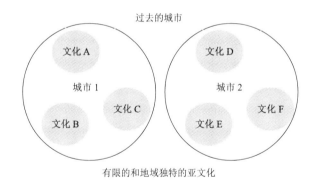

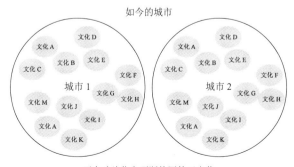

图 6—1　城市内部的碎片化进展情况

在全球化和集体心理的影响下，城市间的差异正在逐步缩小。城市，或者更准确地说是发生于城市之中的人类行为正在不断趋同。今天的纽约、上海和华沙较之历史上的任何时刻，都更为相像。我并非指这些城市都拥有麦当劳和可口可乐。城市正在经历着小众而又全球化的转变。人们因为共同的兴趣而自我组织建立团体，而团体的建立又成为了连接社区的大集合。由于人们可以轻松联系并发现彼此，因而他们能够完成此举，但最重要的是那些文化秃鹫们（大众市场的风尚引领者）最终不再掌权。受惠于网络连接方式，在全球范围内，亚文化群如雨后春笋般出现。所有城市都建立了当地的创业群体，一个典型的例子便是旧金山的硅谷。

当前在各个城市之中，社交团体经营着越来越多的专业领域，人们不再借助大众营销寻找下一个流行文化热点。事实上，这些小团体可以围绕自己的兴趣建立起可持续发展的微型经济体，而社区本身则同时肩负着设计者、生产者、推广者和终端用户的角色。由于文化准入门槛已变得不再重要，小众社团也能够参与其中。今天，我们在很多地方都能找到小众社团，无论是当地的霹雳舞社团还是无人机飞行俱乐部。所有的城市都正在分化成一个个不同的小众领域，而同时，每个城市内部的碎片化和差异化水平却也从未如此地高过。图6—1便展示了城市的碎片化进展情况。

没有一座城市能够例外。虽然城市曾经的形象是由其地理位置、历史以及地方特色共同形成的，但这些因素都是以人或以媒体为基础的，而今决定一座城市特征的关键因素则是兴趣。城市中兴趣群组的兴起形成了其所在城市与其他城市鲜明的对比，而微型社团中的个体名人也拥有话语权。在我所在地区的议员中，赛斯·高汀和蒂姆·奥莱利（Tim

O'Reilly）对我的经济观和政治观影响更为突出。我们在自己兴趣领域内所尊重的人往往塑造了我们，正是我们自己选择了那些在塑造自身过程中也能对我们产生影响的人。

我认识你吗

除了我的家人外，今天我的社交群内的其他人，至少在十年前对我而言都是陌生人，而五年前，我甚至不认识其中80%的人。我们通过网络发现并结识了对方。通过追踪出现在我们各自所居住的城市中的特定兴趣小组的动态和小组活动，我们认识了彼此。首先，我们会就那些对我们非常重要的话题展开在线讨论，只要输入简单的元数据搜索词，我就能发现一个全新的群体：他们不是我的同事，也非我的邻居，我们的教育背景有差异。而一张简单的标签就是我们彼此了解和走到一起的最佳途径。

所谓的标签便是在词语前面添加"#"符号，以表明其所指向的话题。例如，"创业公司"这一话题可以通过"#创业公司"来表示。这样，任何人在社交论坛中分享能够引起他人关注的事情时，都能够通过添加标签而让更多人加入该话题的讨论。这种新型的社交关系因人们所拥有的共同点而迅速发展起来。和前互联网时代的人们依靠缘分连接不同，碎片化时代的人们不用再纠结于自己和对方是否拥有共同之处。更重要的是，对于我所处的人生阶段而言，此事如同天方夜谭。我是一个40岁的已婚男人，处在我生命中最安稳的阶段，我的生活本应该是和老朋友、老同事在周末打打高尔夫球，消遣消遣的。然而，我却在经历着不断认识新朋友的过程，并在追求那些我前半生没有的兴趣爱好。

激活兴趣图表

如果让我思考一下这个时代对人们而言最重要的事情是什么，那这些事情有可能是人口统计学上出乎意料、无法预测的事项。我们正在培养着那些可能被认为是古怪的兴趣。社交网络Pinterest便是这样一个典型的例子。Pinterest是一个视觉社交网络。它在对自身的介绍中，宣称自己是一个"收集和组织鼓舞人心内容的工具"，人们可以将图片或视频"钉"在相互独立且不同话题的公告板上。所分享的这些内容是我们真正关心、期待和渴望的。我的Pinterest主页更多地展现了与我相关的内容（我的实际生活），而没有任何关于我的人口归纳的介绍（我所属的"目标市场"）。

以下是我最近Pinterest公告栏上的部分内容。

- 飞行。我不会驾驶飞机，我大学的主修专业也并非工程，更没有其他证据表明我喜爱飞机。但是，我观看过现有的、所有跟飞机驾驶相关的纪录片，即便我从没想过要驾驶飞机。
- 冲浪。我的住处离最近的冲浪海滩有1小时车程。我居住的城市是全澳大利亚平均温度最低的地方之一。我平时并不看冲浪杂志，但每天早晨我都会用手机看当天的波浪预报。我坚决抵制那些冲浪服（人们都知道真正的冲浪者是不穿那些冲浪品牌的，除非这些品牌请他们做有偿代言），但我每周都玩几次冲浪。Billabong、Quiksilver和Rip Curl这些品牌完全不能引起我的兴趣，因为他们找错人了。我敢保证，每年我自己在冲浪上的花销比年轻姑娘们用于购买这些公司所兜售的冲浪服的消费还要高，而这些公司的做法是让其品牌在真正冲浪者的眼中不断贬值。

· BMX 小轮车。我不是一个 12 岁的小孩，我也没有 BMX 小轮车。但是，我却要在这上面消费近 2 000 澳元，这是一个工薪阶层的小孩完全无法承担的。但是从人口统计营销的角度来讲，我却不是其目标客户。

· 家居用品。人们可以根据我在我的 Pinterest 公告栏发表的内容，并从统计和人口角度推断我的特征。这也是我展现自己特征的地方。这上面有我修缮住宅和搭建花园所需要的一切物品，还有家居用品企业在免费电视园艺节目和杂志中所推销的产品。尽管我有的是空闲时间，但我绝不会去看这些节目。我正在试图摆脱主流媒体的影响，也就是说，我正在预测着自己的行为。

彻底的微营销

我在建立了自己的 BMX Pinterest 公告栏后，发了一条推文表达自己对使用网络链接资源制作复古 BMX 小轮车的兴奋心情。我曾在 eBay 发了几个出售自行车的帖子，并将它们连接到老派 BMX 论坛。而我的推文内也有 Pinterest 公告板的链接。吃完午饭后，我看了一下自己的 Twitter 账户，发现已经有人给我回复了。回帖者是当地的一家 BMX 商店，他们告诉我自己的商店中也有专门面向我这样的老男孩销售老派 BMX 的部门。他们回复的方式让人觉得很舒服，在其回复的 Twitter 中写道："这项目太棒了！史蒂夫。这是老派 BMX 的最佳论坛……如果你想回顾一下，抽点空进来看看吧。"

不用说，我第二天就浏览了那个论坛，得到了很多项目建议，其中有的告诉我去哪儿可以买到零部件（有点像组装汽车），还有的建议告诉我如何得到正宗的材料。这家商店仅用 140 个字，就让我成为了他们的顾客。

> 当人们都在热议"大数据"时，也许使用"小数据"，我们能够做到更多。

这一营销方式精妙至极。我们可以从这条推文中学到许多微妙的营销经验，我将对此逐一剖析。

- 尽量使用个人化的口吻。他们称我为史蒂夫，这让我感到非常惊讶。因为很少有人会在网络中这么称呼我，即便敲出名字非常方便。
- 首先提供资源。他们为我提供了一些有价值的资源以帮助我——论坛链接。他们在第一次和我连接时并没有想卖东西给我。
- 专注生态系统。他们并未强调我可以去哪儿寻求帮助解决问题。他们选择接受我已经进入他们的市场这一现实。在某种意义上，他们向我推荐的恰恰是其竞争对手（该在线论坛恰巧出售老派 BMX 零件）。
- 使用真实的语言和文化。他们使用了 BMX 群组中的自然语言，而并非企业公关手册中所传授的。这种语言非常人性化且真实。
- 找到连接工具。我向店主询问他们是怎么找到我的。我指的是，除非我和他们处于同一群组，否则他们不会知道我的项目。店主说他每天仅用两个简单的数据参数来进行社交媒体搜寻，即 #BMX 标签和墨尔本地名。这办法真是太聪明了！
- 一次仅关注一名顾客。这家商店强调直接连接，一次仅和一名新车迷联系。他们并未寻求建立受众群。他们仅是在帮助某个个体，这是一种非常独特的方式。似乎老派的 BMX 玩家们比传统的营销人员更加精明。用这样一种方式建立社群，真是太令人惊叹了，而我现在已成为了该社群的忠实成员。

反人口统计学建议引擎

许多电子商务平台和社交媒体似乎能够完成主流营销者所无法企及之事。在日常生活中，我的生活中充斥着各种我根本没有兴趣购买的产品或服务广告，这主要应归咎于在其背后分配预算营销人员的懒惰态度。但有些时候，当聪明的营销人员（在我的允许下）向我推荐那些完全符合我需要的物品时，我的购买欲望就会被完全激发起来，而对他们我也心怀感激之情。Twitter 在通过向用户推荐关注对象方面一直遥遥领先。但最好的案例还是亚马逊的"推荐书籍"功能，亚马逊仅仅通过分析我的购买历史、浏览历史、愿望清单和其他人与我的共同之处，就能将推荐书单适时地引入我眼帘，放置在我个人兴趣图表的核心位置。对我个人而言，这些推荐图书也正是我想购买的。但有趣的是，我也创造了"反人口统计分析法"来命名这一推荐引擎：

- 它并不关注我的性别；
- 它并不关注我的住所；
- 它并不关注我的收入；
- 它并不关注我是否毕业。

上述这些都不重要。重要的是推荐引擎根据我的网络足迹，推测出我的直接连接和兴趣爱好。这正是大规模营销无法取得的效率。营销预算能够被精确地花费在点对点分析之中。

工业时代的大众营销人员希望将我们纳入其包围圈中，他们在今天依然还在忽悠我们购买其产品，并宣称："未来风险太高，价格可能就涨了。"但事实却正好相反，一切物品都将变得更为廉价。

CONCLUSION

碎片化时代趋势	特定人群的行为不再一致。我们都在远离群组，背离预期。
碎片化时代商业影响力	人口统计学作为受众预测指标的功效正不断降低。我们应该综合分析社会和兴趣图表进行营销预测。

The Great Fragmentation

and Why the Future of Business is small

第 1 章

定价的真相：迎来降价浪潮的可用科技时代

科技的紧缩

迎来真正的科技降价潮

口袋中的免费超级计算机

跨越民众与企业之间的科技鸿沟

科技提速常态化

新技术叠层

降价浪潮的到来已成必然之势

关于 CPI 指数的骗局

互联网让探寻价格真相更容易

经济的边界被打破

　　尽管存在诸多缺陷，但工业化思潮却让人类的工作更有效率，与工业革命之前的历史相比，我们也能更好更快地以更低的成本完成任何事情。机器设备不断增量改进，这使得今天的我们能够免费使用到许多重要的工具。这些工具成本极低，几乎可以忽略不计。或者事实上，按实值计算，其成本接近于零。工具交由我们使用，因为真正的商业价值源于使用科技的人类，而非科技本身。科技仍然无法替代人类完成全部的关键流程。从商业角度来看，重要的决策均与支出相关，而支出在很大程度上仍是一项人为的决策。过去两百年中，人们一直在进行着价格战争，其结果则是在今天，价格已变得不再重要。我们应该对这一进程心怀感激，正因为如此，我们才步入了"可用科技"的时代。

科技的紧缩

　　对科技价格从未如此地低廉而其功能却空前强大的最佳证明便是摩尔定律。对于外行而言，摩尔定律是英特尔公司共同创始人戈登·摩尔（Gordon Moore）所提出的一个定律，他认为在计算机硬件的发展史中, 集成电路板中的晶体管数量约每两年就会翻一番, 使得计算设备的计算能力同时翻番而价格却减半。然而, 并非摩尔定律本身如此确定, 而是因为许多数码设备的输出能力严格遵循着摩尔定律模式。该法则适用于处理速度、存储容量、数码相机的像素、GPS 设备、网络容量、太阳能电池板以及很多科技设备功能的分析。即使是对互联网时代前的真空管计算机而言, 该定律也仍然适用。它们都遵守着科技加速回报定律。

所有这些科技均以指数级方式得以改进, 并成为了现代经济快速民主化发展的核心推动力。历史上, 仅有超大型机构才能购买的科技产品与服务, 例如计算和通信设备, 如今的价格均降至低位, 甚至是免费。但这一现象并未改变我们拥有的工具类型, 而是改变了我们的经济结构。转瞬间, 大型企业独占的优势, 如科技门槛和巨额费用这类障碍已经逐渐消弭。在我们所处的经济环境中, 人们可以获得与企业同样的资源。新环境下的竞争不再是关于工具的竞争, 而更多的是关于对工具的创造性使用的竞争, 也就是科技人性化的一面。

迎来真正的科技降价潮

容量 1GB 的外接硬盘驱动器在 2000 年的售价是 15 澳元 ①, 而今天我们花费几分钱就能买到, 事实上它就是免费的, 这是因为无数的云计算服务为公众免费提供了 10GB 上限的存储空间。

不仅科技的售价正在大幅下降, 而且科技设备内部的功

① 1 澳元≈4.79 元人民币。——译者注

能部件售价也在不断下降，这使得科技工具的整体售价急速下滑。生产线的改进更加剧了这一进程：全球化将科技产品的生产转移至廉价劳动力市场。通过观察现实中的加速回报定律，我们有了令人惊愕的发现，换言之，我们生活中的每一件物品，不仅是其中的科技成分，其余部分的价格也呈下滑之势。我们需要借助以下案例来了解一下自己所处的阶段。

· 电视。一台42英寸的平板LCD电视现在售价仅是其十年前价格的四分之一。电视不仅仅售价降低，而其各个方面的功能都实现了提升。现在的电视画质更清晰，能够连接网络，更薄更轻也更加节能。

· 笔记本电脑。这个案例是我们耳熟能详的。我最近购买了一台苹果笔记本，其售价和上一代的一样，而所有关键参数均是上一版本的两倍。这台笔记本更轻，更稳固，屏幕分辨率也更好，拥有了更多特性的同时，也搭载了更好的软件。

· 数码相机。在1990年，1000像素的相机售价2 000澳元。今天，每台智能手机上都配置了高像素摄像头。事实上，相机越来越很少作为一个独立设备出现了。和胶卷一样，现在已变得有些多余，而智能手机上的相机功能已经能够实现4 100万像素成像。

· GPS。第一代手持式GPS接收仪发布于1989年（型号为Magallan NAV 1 000），其大小犹如一块砖头，售价是2 500澳元。而今天，GPS也仅是我们"口袋中的超级电脑"——智能手机上配置的一个免费设备。

口袋中的免费超级计算机

今天，我们使用的不少重要的科技都已被融入了小小的智能手机之中。事实上，我们不能将这种科技产品称为"智能手机"，论其功能，它是最为私人化的计算机。比尔·盖茨希望每个家庭的书桌上都配有一台计算机，而史蒂夫·乔布斯则将一台超级计算机放入我们的口袋中，智能手机的巨大用户量就是佐证。在我们每天与智能手机所进行的超过 150 次的交互行为中，通话功能平均仅占 22 次。这台小巧的超级设备最令人惊叹之处在于它提供的免费功能。推荐的零售价格则有点混淆视听的味道。购买手机时，人们可以选择一次付清价钱，但大多数人会选择分期付款，而分期额度自手机问世之初起，基本没有太大变动。我在 2001 年购买了第一台移动电话，每月付款 69 澳元，而我最近购买的最新版本的苹果手机的每月额度还是 69 澳元。我并没有额外付出成本，便能将超级计算机的所有功能都装进自己的口袋中。我们真的是生活在科技免费任由我们处置的年代，只要产品过时，我们实现了产品的更新换代后，旧科技产品的归宿便是家中的抽屉。

不只是一台科技设备

智能手机最为显著的特点是它集其他电子设备功能于一身：收发邮件、浏览网页、描图绘画、跟踪定位、照相、扫描、搜索、观看视频及电视等，智能手机可以完成以上所有的功能。在某种程度上，智能手机是新互联网生活时代的控制面板，也是一个真正的人类科技附件。智能手机已经成为我们生活中的重要组成部分，如果将其遗忘在家中，我们便会立马转身回家去取。它并不是一项商业或社交工具，而是一项生存工具，是科技驱动世界不可或缺的一环，智能手机的另外一个奇特之处便是其人性化的特征。技术天才们的发明融会贯通在智能手机之中，秉承了人性化的设计，使其成为我们生活的必需品。

❝❝ 智能手机已经成为科技驱动世界不可或缺的一环，成为了我们生活的必需品。❞❞

复制人类行为的智能手机

虽然智能手机的外观仍是一项科技产品，但它拥有人类特性，其行为非常像人类：智能手机拥有双眼，它们分置头部正反两面；智能手机拥有听力，它能够识别语音并能用声音回复我们；智能手机还能够思考，其大脑容量远超人类，并且不会丢失任何记忆；我虽然知道自己身处哪座城市，甚至知道自己的精确定位，但智能手机却能够进行测速，并由此推断我是坐着，是在跑，还是在驾驶汽车；智能手机还能够测高（其内置测高仪能够测量距离地面的高度）；智能手机知道网络（及人类）一切事物，它与我们的集体感知连接；智能手机拥有触觉感应，它和人类一样，只要轻轻一触，便能作出回应。手机的真实界面便是人类活动的反映。

综上所述，我们能与一项科技产品如此紧密地联系并不足为奇，因为这是人类历史上科技第一次摆脱其惯有的冷冰冰的特性，显示出如此人性化的一面。在很多情况下，智能手机是我们入睡之前最后触碰的东西，也是清晨醒来首先触摸的物品（曾经如此亲密的是我们的伴侣）。

跨越民众与企业之间的科技鸿沟

无处不在且大多免费的科技之所以如此重要，不仅是因为其强大的功能，更是因为其便于操作。早期的科技往往曲高和寡，民众无法参与其中并使用，设计者也不想加以可能实现的改动。大多数早期计算（及工业）科技之所以脱离大众并非仅因为其售价高昂，而是因为这些技术的交互方式较为复杂，让人难以理解，心生畏惧，甚至令人反感。老式的绿屏计算机只有会使用代码才能登录上去，让人感觉有些冷冰冰和距离感，因此，它仅在政府和商界使用。然而，如今科技的面貌已焕然一新，技术天才们立志要为大众创建一个科技的理想国，而且也正在悄然实现。普通民众已不再局限于站在远处，冷眼旁观科技，而是真正参与其中。人们希望参与科技的发展，并渴望能像企业家和创业者一样，能就科技在商业领域的改进发表自己的意见。因此，企业管理者必须认识到，当所有人都能使用相同的技术时，昔日手中的权力已显而易见地发生了转移。这使得普通民众和企业之间的科技鸿沟完全消失，并进一步改变了整个市场的结构。

加速进程

不仅科技的价格在不断下降，其功能的加强也呈现出指数般的发展态势。同时，新的通信技术的采用率及普及率也在迅速扩张。科技似乎拥有了自己发展的既定轨道，而科技发展的最终目的是为了让移动化程度更高，分布更广，可以覆盖更多的受众。而每项新科技也将以掩耳不及迅雷之势进入人们的生活，并得以快速传播。如果我们回顾一下每项新通信工具以及它最终被广泛使用的历史，便能从其改变的速率中获得商业启示。

ABOUT　**通信技术研发及被广泛采用所耗费的时间**

口头语言：数十万年；

书面语言：数万年；

印刷术：历经数百年才为大众服务；

电话：耗时 50 年才覆盖全球 25% 的人口；

移动电话：耗时 25 年方才被大众普遍使用；

搜索引擎：耗时 10 年方为大众使用；

社交工具：仅用 5 年便已覆盖大众。

我们可以清晰地看到，企业必须不断适应这种新科技出现周期越来越短的态势。坐等观望的策略在科技成本昂贵的过去可能有用，但时至今日，对于保守的企业家而言，这一策略实为明日黄花，推陈出新已势在必行。

科技提速常态化

我们应该清楚，科技不断提速将是一种长期的趋势。历史证明，即使人类已经将某项科技开发到了极致，层出不穷的创新仍将会出现。即使是摩尔定律也存在着一定的局限性。总会有一天，当人类再也无法研发出更小体积的晶体管时，该项技术的迅猛发展也将随之戛然而止。

事实上，我们已经有过这样的先例了。在计算机发展的早期，真空管便曾遭遇过体积瓶颈。人们无法既将真空管变得更小又同时保留其对信号加工的作用。此时，人们便开始将视线转移到当前使用的晶体管集成电路技术上，也就是摩尔定律适用的这项科技创新。所以当某项科技达到其断点时，人们便离开该科技曲线，转投新的曲线当中，如果可以，我们将该过程称为曲线跳跃。在新的曲线之上，我们便开始了新一轮的指数增长，如此循环往复。摩尔定律并非首条加速计算能力曲线，它是第五条。人类下一步极有可能转移至量子计算曲线之上，该技术目前尚在研发之中。

我们也许无法预测自己将迎来何种科技，但历史总是证明，新科技一定会到来，而新科技的到来也总是遵循着"功能更强而成本更低"的原则。新科技将给更广泛的人群带来更多新的工具，而这些新工具的形态将更小，成本更低。新科技理应降低初期购置成本以及制造成本。每项创新的变化速率都会不断提高，并毫无减缓的迹象，而商业的生态圈也将随之发生巨变。

新技术叠层

这些便捷、成本低廉的技术工具，终有一天会为我们创造出一个我们赖以生存、并身处其中的新技术叠层。这一科技层级对于人类而言，就犹如两个世纪前工业革命降临于世一样。而为了掌握这一概念，我们首先需要理解技术叠层的定义：

ABOUT　**叠加的概念**

·人类最早使用人行道前往目的地，比如酒吧；

·随着轮子、手推车及战车的发明，人行道得以拓宽，以便让车轮通过；

·随着文明的不断发展，出现了更多的道路，马车运送成为了那时人类主要的交通方式；

·之后，人类发明了汽车，随之制定了道路规则、速度限制路标，以防汽车相互冲撞；

·随着汽车普及率的不断提高，人们开始封闭特定道路，修建高速公路、环岛和交通指示灯；

·随着道路数量和路况的复杂程度不断提高，人类发明了地图用于指示方位；

·如今，人们使用 GPS 设备，通过实时交通广播使得道路运行更为通畅；

·我们的下一技术叠层将是无人驾驶汽车，它将为我们完成所有的驾驶任务。

"技术叠层"是电脑天才们广泛使用的一个术语，它用于指代创造软件应用的组件与服务的各个层级。

在人类所有形式的技术层级上，无论是软件还是电脑硬件，以及互联网层面和其他一切形式的创新中，新的技术层级总是被叠加在更早的技术层之上，以便创造出更多的功能、效用、深度及意义。为了帮助我们更好地理解这一概念，我们不妨使用大家都熟知的例子来说明，让我们一起来回顾一下人类发展的这段历史。

在后续技术层级能够被投入使用或我们对其产生需求前，我们依然还需要依靠现有的技术层级。工业革命为商业和人们的生活方式创造了以机器为基础的技术层级，而我们正在步入的时代则叠加了移动互联科技层级。廉价而易得的科技使得我们的生活及经营方式都得到了改善。如今在商业领域，需要确定行业的新层级。即使我们无法确定行业的技术层级，即使我们所在行业落后于新的技术叠层，也会有其他人将其不断完善并完成，我们没有选择的余地。

降价浪潮的到来已成必然之势

那么商品中非技术部分的价格会如何变动呢？我们的生活成本似乎在逐年提高，我们的家庭预算也越发捉襟见肘，雇主的控制成本策略也减少了我们可用的资源。在这个以价格为导向、炫耀性消费横行的年代，我们似乎很容易接受"所有物品的实际成本均在不断攀升"这一论调，但事实却正好相反。

抛开主流媒体大肆宣扬物价上涨的论调，如果上述所说的问题真的全都存在的话，那么我们花在每一样东西上的钱应该比上一年度、前一年度甚至上一代人都更低才是。但具有讽刺意味的是，通货膨胀的论调却夸大了关于价格的真相。而事实上，所有物品的价格如果按照实值计算的话，应该都在下跌。

关于 CPI 指数的骗局

自第二次世界大战之后，所有发达国家的工资增长率均超过价格增长率或消费者价格指数（consumer price index, CPI）。如果我们将每年度的工资增速和当年度的物价指数进行对比，便会得出一个清晰的结论：收入的增速超过了物价的增速，因而我们的生活成本更低。人们混淆了期望生活标准和实际生活成本这两个概念。

最容易引起人们疑惑的地方在于，CPI 指数实际上并不衡量价格，它并未将人们每年的收入增长和扣除通胀因素后的物价水平进行比较。此外，CPI 指数中的商品根据其重要程度和变化的消费模式而占据不同的权重。一篮子商品的种类根据不同时段的生活标准及不同的预期进行调整，各类商品的权重比例也相应随之变化。每四到五年，CPI 测算项目便会进行一次大规模修改，因此，衡量的商品及服务种类也会因此发生变化。

随着时间的推移，CPI 指数通常宣称商品物价不断提高，事实上它表明了，"现代生活"成本之所以提高是因为我们购买了更多的商品，我们拥有了更多的消费选择。

其实，我们比我们知道的自己更为富有，我们的富裕程度也在不断增高，每年，我们的收入都比上一年有大幅上涨。事实上，生活成本增高是因为我们期望过多，并非因为价格增高，而商品价格的下行压力却要比我们知道的要大得多。

互联网让探寻价格真相更容易

买家获得了越来越多的消费信息，这使他们对于公平定价有了更为深入的判断。消费可以借助各类工具对市场进行更为精确和有效的评估，这将使得价格不再剧烈波动。我们曾经在探索价格真相时，存在着许多实际的限制，而今这些障碍已经被全部移除。原本我们更多地依靠广告信息、货比三家以及召集买家比价的方式。如今我们仅需轻敲键盘，便能够准确无误地得知在何处能够以最优惠的价格购得商品。价格比较网站或条形码扫描软件使我们能够完全知道定价的真相。这改变了以往许多的事情。它使得商家不得不下调价格，降低利润空间。我们可以随时随地地访问全球各大销售中心，以保证我们能够从全球效率最高的运营商那里获得任何一种质优价廉的商品。然而，价格持续下降的压力并非消费者知道何处商品价格最低所造成的，而是低成本渠道构成了商品的生产形态。

经济的边界被打破

我们已经见证了科技价格自由落体式的滑落，而互联网革命同样使得劳动力和制造业投资变得更为轻松。人们通过民主化的渠道可以雇用金砖国家的劳动力，完成一度仅有特权机构才能完成的事情。你不必申请某些特殊的经济文件，或洞悉当地地理、语言甚至文化才能进入新兴市场国家工作。全球化和互联网连接的劳动力网络曾经是大型企业的私人领地，但如今，小企业和独立企业家也能够轻松获得。

新的最低工资标准

随着互联网成为商务、社交工具，劳动力套利市场也随之出现。诸如 eLance 和 oDesk 之类的兼职网站以及人力资源解决方案，确保每个人都能够以比发达国家低得多的工资标准雇用劳动力。在发展中国家的劳动力市场中，一名劳动者完成与信息相关的工作所获得的报酬仅占发达国家劳动力的四分之一。我并非仅仅指行政类的工作。任何工作都有可能转移：会计、软件工程、营销甚至法务。

以信息为基础的工作新的最低工资标准是任何低成本市场都能接受的。未来将不再存在最低工资标准。

无论其好坏美丑，这都是我们即将面临的事实。科技使之成为可能，企业家也必须接受改变，而企业则按照一贯做法抓住了降低成本的机遇。在一个全球互联的世界中，每个人的最低工资是相同的。既然我们能够跨越边界完成我们大部分的工作，那么工作的价值便不再受到地理位置的制约。相反，它由全球劳动力市场，而非地方性的市场供需关系决定。虽然很多以地理位置为中心的工作受到的影响较小，但它仍会降低企业的成本结构。一个高度互联的世界中的服务和生产，渠道远比所有权更重要。所有权在之前是唯一的选择，但新兴的扁平化世界将成为改变这一切的催化剂。

CONCLUSION

碎片化时代趋势	在科技驱动下，任何事物的价格均在下降。
碎片化时代商业影响力	销售那些技术已经十分成熟的商品，只能让你停滞在价格战上；建立看似不相干事物间的联系将会为我们带来新的营收和利润。

The Great
Fragmentation
and
Why the Future of
Business
is small

第8章

零障碍的世界：知识渠道如何击碎障碍

互联网改变的是什么

共享型经济

所有权仅仅是一种心理状态

万物的无界

私人的全球工厂

来自渠道的障碍

在工业时代的大部分时期中，人们获得产品和服务的唯一方式便是进行购买。如果想要使用某些功能，我们就必须购买某些物品，这构成了工业社会的基础，使得传统社会资源中的共享理念被摒弃，社会进入"独占—使用"的竖井式消费模式。工业革命使得人们买得起许多商品。只要是需要的商品，就选择购买并拥有，因此，我们在家中囤积商品以备不时之需。工业革命也让我们能够获得需要的一切物品，拥有空间将其储藏（冰箱、茶橱、客房和车库），减少了工业社会形成前共享资源过程中存在的许多障碍。

互联网改变的是什么

源自商业体系的许多分享障碍正在重新抬头。汽车使得我们能够畅行至任何区域，而互联网则提供了我们希望得到的大量信息、娱乐甚至商品。那些我们要想使用就必须购买的物品进入市场的方式正在发生变化。不断改变的是，对于希望得到的物品，当我们可以选择购买或仅仅对其进行使用时，我们通常会选择后者。

我们为何要拥有物品

人们拥有某件物品主要源于两种目的：功用和地位。 通过拥有某物获得其使用价值这一点很好理解：你首先必须拥有某物，然而才能使用该物。而因社会地位原因选择拥有某项物品（想想奢侈品和炫耀性商品），则是期望该物品能帮助我们感知世界，展示形象。这便是人们对物品获得拥有权的两大原因，非其莫属。于是，人们不断购入人造商品带回家中。然而现在，我们有了一种新的选择，即可以选择使用某物而不获得其所有权，并享受着与拥有所有权同样的利益，甚至可以通过使用该物获得自己想要的社会地位和满足感。在虚拟世界中寻找我们需要的物品，远比在他人或实际生活中寻找相同物品简单得多。我们可以仅付出极少的时间和金钱成本便能找到所需要的物品，而使用此类物品的障碍也很少。障碍的减少为人们与商品和服务进行短暂连接创造了机会，而在现实世界中，这一过程需要付出成本且非常复杂。这就意味着对于那些过去我们必须购买的物品来说，只要我们对其有所需求，就能够无需购买而获得其使用权。

共享型经济

在共享型经济体系中，人们可以暂时获得物品的使用权并得到地位满足感。我们通常会觉得自己拥有的大部分物品其实使用的次数都很少，而这种共享模式能够有效地解决该问题，但这其中不包括家具及冰箱这样的物品。目前，我们经常分享或共同购买需要的物品，而仅需付出使用该物品期间的成本费用。我们已经不必再购买并拥有闲置资产，而仅需在需要时对其进行使用即可。

知识的无界

在个人层面上，现实世界中的许多物品正在不断地被虚拟化。知识和娱乐不仅已经实现了虚拟化，而且在很大程度上能够供我们免费使用。维基百科是我们这个星球上最大的知识储存库。较其之前的任何知识库，维基百科都更为精确；而与其他百科知识相比，维基百科的覆盖面也更广；它的更新频率也比其他知识资源更频繁，而最重要的是，我们能够免费使用。许多在线的娱乐资源也拥有和维基百科一样的特点。过去，我们必须通过实体形式（书籍、杂志等）购买知识，或者前往知识存储点（图书馆、博物馆等）使用知识，而如今我们生活在即时专家的年代，任何人都可以获得并学习自己想了解的一切知识。我们不必再付费购买信息，不必受邀才能获得知晓权，也无需经由"智慧的守门人"的授权才能知晓幕后正发生着的机密。获取知识的障碍这项关键的社会和经济参数正在逐渐消失，并且我们可以通过免费方式获得知识。我们只要想要，就能够通过运用已有的搜索工具获得关于所有话题的知识，轻松完成这一过程。曾经横在行家里手和行外人之间的鸿沟天堑已然消失，只要人们肯下工夫就可以成功获取知识。

现实的无界

人类不仅能够使用虚拟的知识和信息，还可以免费使用真实而非虚拟的实物。那些过去只能进行购买或者以高价租用的商品，如今人们可以免费使用。不仅卖家传统的理念被彻底颠覆，而且所有租赁行业也深受冲击。那些暂借临时空间以及租赁行业（如住宿和汽车）的企业也在这样的巨变下分崩离析。协同消费运动使得购买不再是一种必须行为，而仅是一个选择。我们可以根据使用时长租用汽车，在不用付出租赁和购买的高成本情况下，获得使用汽车的一切便捷。我们都知道一般的汽车购买之后，90% 的时间是闲置不用的，因而这样一种改变影响极为深远。我们现在可以临时使用一切商品，从高级女士手袋、电锯、私人飞机、花园、办公空间以及汽车等，无所不包。只要是可以购买的物品，我们均可获得使用。

音乐的故事

所有的商品，即使是最初为实体的产品也正在逐步实现使用化、分享化和用户的临时交互。音乐便是一个典型例子。如果回顾一下音乐的发展历史，我们便会发现音乐界通过持续解决人类享受音乐的需求，不断朝着流畅传播的方向前行，其最终结果是音乐能为大众获取并使用。

历史上，音乐最初是在部落聚会或戏剧表演中分享的。到 15 世纪 50 年代，印刷术的发明使得音乐可以通过书面形式得以分享，但人们还是需要通过现场表演才能听到音乐。而到了 19 世纪 80 年代，留声机问世标志着从此音乐便能以录制形式传播和重现。虽然更多的民众能够听到音乐了，但他们仍是少数富人。而 20 世纪 20 年代广播的到来，为音乐的获取开创了更广阔的渠道。在互联网时代前，电视机、录音带和 CD 的发明更拓宽了我们获取音乐的路径。不同时代音乐传播的技术层级在不断叠加，而并不是新旧更替。

到了前互联网时代，我们开始将音乐下载至自己的设备中，而音乐设备仍是有形之物。我们仍需通过购买才能下载音乐，但这却提高了音乐的移动性和获取便捷性。目前最新的趋势是，我们将音乐存储于云端之上，不再需要将其置于受众，甚至不需要拥有或购买音乐（或者违法下载）。欣赏范围不再局限于自己的搜集列表。云端音乐服务如 Spotify 使得我们能够随时点播世界上一切电子设备上的音乐。

音乐行业不断朝着减少传播阻力的方向发展，具体表现为更广的传播范围，更低的制作成本和简化的获取渠道。在音乐价值的获取方面，使用权远比拥有权重要。音乐使用权在和音乐拥有权的较量中完全占据了上风。音乐行业可以为其他所有行业发展提供借鉴，其发展方式实现了使用权最大化，随着传播的阻碍不断降低，传播的范围也将更为宽广。

"东西"的故事

世界上其他商品的发展与音乐行业的历史相似，并不断内化为互联网经济的虚拟组成部分。所有的商品都正在不断提高自身的获取便捷性。在工业革命初期，我们需要本地的匠人给我们制造必需品。那个时代，人们无法经常出游，也很少能够获得关于在何处获得必需品的信息。而工厂的出现使得那些昂贵的手工艺品可以经由机械制造，从而提高了商品的传播面，使得人人都消费得起。我们从商店而非工匠师傅那儿购买工具。媒体和零售行业的扩展进一步丰富了选择的空间，也进一步降低了商品的价格。时至今日，只要能够建立连接，我们便可以在全球以相同价格购买到同样品质的商品。而伴随着进入到使用 3D 打印技术的桌面制造业时代，我们将能够获得个性化产品并在现实世界中克隆任何"东西"。关于 3D 打印技术，详见第 10 章。

所有权仅仅是一种心理状态

由于科技获取便捷性的提高，音乐等物品的发展路径也将是诸多事物的发展模式。随着人类拥有的计算能力不断提高，以及实体产品的大众化和多样化，对事物所有权的需求将被从事物使用权中获得收益所取代。所有权仅仅是一种心理状态，其本身并无真正的价值。今天，我们无需通过所有权来获得心理上的满足感。在许多行业中也拥有此类心理和倾向。

商业的无界

任何一部智能手机的计算能力都已超过了 NASA 在 1985 年的水平。而任何一个连接到信息网络的个人只需指尖轻触，其所获取的信息便能超过 10 年前美国总统所掌握的信息总量。这些并非夸大其词的说法，而是不应被我们忽略的事实，它们应当引起我们的关注，它能够释放巨大的能量。信息的价值超过其本身，它为我们架设起了在商业社会获得无限可能的桥梁，也是我们着手任何事物之前首先应当掌握的资源。我们能够获取几近完备的知识库，也能获得关于从事某项活动的指南，即使在无法承担某项活动的成本时，也能够整合资源。一旦人们了解了事件的全貌及其所具有的各种可能性，便可以着手借助不同形式的力量达成目标，而这些权力曾经一度掌控在受到保护的政府智库和强势企业手上。一旦商业的谜题被逐一破解，成为众所周知的知识，那么我们便可以开始利用这些资源，为自身和企业寻求更多的发展可能性。这便是人类自然的行为。正所谓"得渠道者得天下"。

万物的无界

绝大部分相同的信息是我们每个人都能够使用的，而获得特定的商业资讯则能够为我们带来最为直接的商业效应，使用发展中国家劳动力便是其中的一个案例。在过去，掌握如何外包生产并非易事：无论是雇用当地劳动力进行生产，还是借助工厂为企业生产，此类信息极难获得，并且被严格保密。20 世纪 70 年代晚期，大型企业大肆宣扬离岸工作概念，而到了 20 世纪 80 年初期，他们却严密地监管着自己的供应链。他们这么做是因为这类信息是行业秘密，并且可以获得成本优势，这在与对手的竞争中可以先人一步。此外，企业需要花费大量的资源去寻找、组织和管理在低成本市场的产品生产。企业还必须派人亲临有问题的市场，经由私人关系介绍，获得当地政府部门的批准。这的确需要花费大量的时间、金钱，甚至达成系列政治交易。即便如此，也无法保证产品质量是当地工艺的最高水平。"中国制造"过去曾是"廉价低质"的代名词。但是，现在中国已然成为西方世界的生产中心，因此"中国制造"已是良好品质的象征。

私人的全球工厂

当前，任何企业和个人都能在不同市场找到能够帮助其完成项目的帮手。我们只要轻点鼠标就可以直接联系到那些提供各类服务的机构，以及生产各种工具和高端电子产品的厂家，而且这种方式的风险也非常低。我们不仅能很轻易地找到生产商品的人，而且社会的推荐也能让我们获得更多的效益保证。所有参与竞争全球商机的机构，其信誉都得到了服务提供部门的认证。在这一领域中，阿里巴巴是最为出色的企业。

阿里巴巴最初是中国一家为本土厂商联系买家的企业，但我们不可低估了阿里巴巴的意义。自其 1999 年成立以来，全球超过 420 万的厂商加入了该企业的供应商清单。只要产品能够在工厂里制造，你就可以在阿里巴巴上找到一家供应商，按照你所要求的规格为你生产。简而言之，全球任何地方的人都可以以全球最低价格获得其想要的任何商品。

如今，人们已无须再拥有工厂了。企业也不必再千里迢迢前往廉价劳动力市场建厂了。我们在全球市场的生意也不用再依靠地区的介绍了。这是自工业革命以来制造业最为惊人的转变。每个人现在都能够使用有史以来供应链体系中最复杂、成本也最高的部分：能够生产的企业。

来自渠道的障碍

我在 20 世纪 90 年代成立了一家服装公司。我们生产 T 恤衫和外套并将其卖给本地商店。在很大程度上，我是和知名的休闲运动服饰企业在竞争（从冲浪到滑雪行业）。我们的服装质量很好，人们也非常喜欢我们的设计。公司的产品畅销各地，我们的产品曾成功地被商店专门推荐，这对一个没有太多广告支持的公司而言，在一个品牌集中度很高的市场中被专门推荐是非常不易的。我们的服装生产地在澳大利亚，公司一件 T 恤成品的最终成本是 12 澳元，而鉴于我们刚刚进入市场并且希望获得市场份额，为了能够站稳脚跟，我们便将售价定为 19 澳元。

我们知道自己所有竞争对手（大型公司）的产品均产自

中国，同时也知道他们每件商品的收益为 2 澳元——这是一个很大的利润差。每当希望寻找到中国的供应商时，我们便面临重重障碍。我们的企业被告知只有在售出数以千计的产品之后，才有资格进行海外生产。就企业规模而言，我们不属于大型企业，而这又因产品成本过高且利润不足，无法支持公司的服装品牌。这一切发生在社交网络尚未到来之前，因而我们无法获得直接营销渠道，从而造成我们无法和业内领先品牌进行竞争。由于对如何获得全球其他区域成本更低的供货商缺乏了解，公司经营的环境非常险恶，频繁地被市场拒之门外。

而企业遭遇的这种障碍绝非设计或产品质量，而是关于能否获得更高效的供应链，即行业巨头们知晓并与之建立关系的秘密供应链条。障碍即来自渠道，这一点简单明了。而现在我们已经轻松地移除了障碍，任何商家都能够用和耐克及极速骑板相同的价格出售产品了。

双向街

许多人深信使用发展中国家的市场、资源以及劳动力是一条单向车道，但事实却并非如此。对于供给双方而言，它提供了同样的可能性。

我创建并发起的第一家网络公司就是通过使用自由职业者建起来的。为了创建该网站，我在一个名为 oDesk 的网站上外包了编码工程，这对我个人而言有许多好处：首先，我以本地价格的十分之一获得了该项服务；其次，这使得我这样的非技术人员能够获得这方面的技术服务；最后，就是为我的创业公司带了积极的一面以及其他益处，关于这一点，却极少被人提及：它促进了极为重要的跨文化间的交流。

遇见瓦西里·拉科维萨

图 8—1 中，在我家中与我一起进餐的便是瓦西里·拉科维萨，饭菜看起来并不那么丰盛。

图 8—1　瓦西里·拉科维萨照片

我在 2007 年初识瓦西里，他当时是 oDesk 网站的一名网络开发自由职业者。瓦西里在冷战时期出生于苏联的摩尔多瓦（摩尔多瓦现在是一个独立国家）。我和他之间最初仅仅是商业关系，而现在则已建立起了友谊。事实上，我们之间的友谊已经持续多年。他是我的密友和业务伙伴，是一位我真心实意愿意给予他最好祝愿的挚友。然而，我们之间的头一次见面却是在 2013 年。

瓦西里不仅让我的网络蓝图成为现实，他还教授了我更多的技术知识。东欧国家劳动力较为低廉，因此，我能够通过雇用这些劳动力，以较低成本进入技术 / 创业领域。许多人错误地认为使用劳动率较低的人力仅是一个单边受益的过程，而发达经济体是唯一受益人，因为他们能够"利用"欠发达的市场。然而事实上，我们双方都收益颇丰。通过我在本地的社交联系，瓦西里现在从墨尔本获得的收入比以前多了一倍以上，而摩尔多瓦距离墨尔本隔着 14 854 公里的距离。更何况他的收入是以西方货币为单位，是其国家平均工资的好几倍。

瓦西里专程来到澳大利亚，参与一个与我没有任何关系的大型开发项目的竞标，该项目的金额远远超过我们合作过的项目金额的总和。而我向其介绍的社交网络促成了此事。我的朋友电话联系我说："史蒂夫，我们能雇用你摩尔多瓦的朋友开发一些项目吗？"更有趣的是，我这位朋友公司中雇用的摩尔多瓦员工比我们最初工作过的创业企业还要多，也算是墨尔本之最了吧。而他的开发团队现在正使用各种你能想到的代码 / 语言 / 移动设备进行工作。

当瓦西里来到墨尔本时，我们就像失联多年的亲戚一般，一起出去闲逛。他和我每天在 Skype 上聊天的那些人并无区别，而虚拟世界和现实世界已经不存在任何差别了，虽然这种说法稍显奇怪。而此事也证明，线上和线下世界只是彼此的前言，它们在某种程度上可以互相转化。科技革命所提供给我们的工具的确令人惊讶，人类的连接才是无民族、无国家界限经济体形成的真正原因。

▶ 无民族、无国家界限经济体是指全球交易源于其虚拟性质，因此可以超越政府控制而运行的经济体。

笔记本电脑公司

渠道的故事不仅限于生产和互联网服务领域。商业营销组合中的主要要素都能通过渠道得以实施。我们拥有新渠道融资，这一点将在第 12 章中详细讨论。我们将在第 11 章探讨获取受众的渠道。一个更加精确及宏观的观点是，只要我们愿意，我们都可以成立笔记本电脑公司。任何人只需拥有

一台价值 500 美元的入门级笔记本电脑和网络链接，便可以
同时使用媒体制作设施、媒体分销设施、低成本劳动力市场、
全球制造业区域、全球银行及支付体系，甚至可以从众筹网
站上专门制定筹资方法。事实上，任何拥有网络链接的个人
均可使用所有重要的生产要素。

> **获得技术和信息是前往万物王国的渠道。**

　　信息不仅改变了我们学习和行事的方式，也改变了我们
获取资源的源头。我们正在进入一个无限商店的时代，你、
我以及每个人都能进行零售经营。

CONCLUSION

碎片化时代趋势	获取信息能够消除障碍，知识是我们实现创新和商业民主的必由之路。
碎片化时代商业影响力	企业能做的事，个人也可做到。企业拥有大规模的商业基础设施已经不再是一项优势。

The Great
Fragmentation
and Why the Future of
Business
is small

第 9 章

无限商店：重新定义零售行业

实体店商和网商所面临的挑战 零售业必问的关键问题

零售 O2O 的实现 在线销售

零售业革命 能制造产品，就能做零售

购物的新含义 跨越边界与互联网再造

浮动中的定价均衡 客户体验比商品本身更重要

相同品牌的 O2O 营销策划

在零售行业工作的难度从未如此之大，这里我并非指传统的实体零售行业，而是通指整个零售行业。无论在线上还是线下零售，抑或是二者结合，整个零售行业市场的开放性变化使得业内竞争更加激烈。在任何市场中，只要竞争越激烈，经营获利的难度也就越大。这里需要再一次提到经济学的第一个定律：需求增加导致价格降低。

这一经济学最基本的定律却似乎已被人们遗忘。在一个选择性大幅度增加的世界中，零售商面临着两个简单的选择：提供最为廉价、迅捷的零售，或者深入由无数细分市场组成的商业长尾。

实体店商和网商所面临的挑战

乍看之下，零售行业的网络化经营可能源于网上零售商不断夺走了实体商店经营者的市场，在某些情况下，现实的确如此。除了那些网上零售大鳄（如亚马逊），每个零售商较之前互联网时代的处境都更为艰难，这其中也包括了那些仅在线上进行零售营销的商家。网络零售商并不享受线下商户的实体客流优势。相反，他们依赖搜索引擎，每个页面仅有20 件物品可供选择，因此，他们必须围绕自身品牌建设、粉丝库和社区投入大量成本。但问题是，客户并不会像天上掉馅饼一样访问他们的网站。实体零售商也同样面临着客户群转移至网上购买的新挑战。

零售 O2O 的实现

如果某个品牌同时选择在线上和线下进行经营，那么他们必须拥有综合商业基础设施。零售一度是最为简单的商业模式之一——寻找建店的位置，购入商品，出售并获取利润，但如今零售却变成了最为复杂的商业模式之一。零售商业曾经进入门槛极低，而现在却在迅速转变为由技术驱动且多渠道并存的复杂行业。

对于零售商家而言，最为困难的事情在于出售与其他所有商家相同的商品。在线销售那些众所周知的畅销商品是一个降价竞争的过程，只有经营效率最高的经营者才能赢得这场价格战的胜利。零售更多地变成了一场物流游戏，而与顾客互动的重要性则退居其次。

如今的世界就是一个无限的网络商店，任何人无论身处何方，都能以最为优惠的价格购得任何产品或服务。

零售业革命

零售行业正在经历着一场革命，但与其他行业所经受的碎片化科技的影响不同，这并非是零售行业经历的首次变革。

如今的这场震荡重组，似乎是昨日革命的再现。人类实现了从区域性的香料市场到全球性贸易的转变，这一进程借助了诸如高速船运、旅行商队、大型商场和电子商务等工具。零售业当前的革命仅仅是商品和思想在人们意识上的一次迭代演进，零售的本质并未发生变化。与先前一样，精明的零售商需要借助新的行为模式和科技获得竞争优势。

购物的新含义

零售本质上是指从远方带到本地来的稀缺之物，也就是说，为人们推介在当地无法寻找或接触到的商品。零售经历了香料市场到百货市场直至现代的超市，而百货市场的发展进程是值得我们回顾的。传统的百货市场出现于 19 世纪，人们通过从世界各地组织购买商品，将其带回国内市场，使当地的人能够接触到这些令人称奇的商品，而当时的人们无法远行，更谈不上进行环球旅行了。百货市场的诞生使得传统的实体零售商铺变成了大型购物中心。在这种商业模式下，"购物"一词的含义不再仅限于购买必需品，同时，它也使得人们期望的生活能够实现。

折扣背后的死亡漩涡

零售商们或许早已经忘记了自己曾有的启蒙公众、激发灵感的职责，而陷入了大工业生产中注重规模价格的漩涡之中。价格成为了企业一切行为的核心关注点。从企业的宣传材料中，我们便可以一窥端倪。他们甚至发起了"零售"宣传活动，而此类活动的重中之重就是价格，别无他物。品牌或者我称之为"原因"的活动不见踪影，甚至被企业从零售日程之中完全移除。他们忘却了身为零售商，其职责是将异地的物品带至本地。相反，零售商店成了出售廉价商品或买一送一的代名词。许多传统零售商深陷价格死亡漩涡中而无法自拔，而他们的立身之本仅是商品的低廉价格，因此，当其他商家在线以更低价格出售商品时，他们只能缴械投降。

浮动中的定价均衡

一旦买家与某种非垄断产品（任何人均可以选择零售的商品）的零售商进入网络市场，商品的价格和浮动范围则持平。价格曲线平静如水，光滑如平面，而市场不存在任何波动和差异。那些不根据标准商品来定价的商家将无法出售商品。虽然不敢断言实体零售店与网络零售模式相比不具优势，但我们可以断言那些陷入竞价泥潭的零售实体商店将不具备可持续性。

相同品牌的 O2O 营销策划

我们必须对在线中的"延迟"和实体零售中的"即时性"有一个正确的认识和理解。一旦商品定价和浮动范围的水平趋于相等时，或出现差异时，品牌进入市场的实质性差别也就会被突显出来。无论是线上还是线下，零售商在进行品牌推广时必须根据不同渠道之间的差别分别制定不同的策略。即便是同一家公司，进入市场的渠道和方式也不尽相同。这也就意味着，同一家公司在线上或线下经营同样的品牌时，也需要采取差异化的营销策略。在这个巨变的时代中，价值主要只有在特定的细分市场中才能发挥作用。

尽管企业的品牌仅代表了某种单一的含义，并且这种含义在线上或线下环节中可能产生重叠，但企业的战略战术应当在不同的渠道中体现出实质意义的区分与重合。

零售业必问的关键问题

任何从事零售行业的人员都需要就以下的重要问题扪心自问，这些问题在第二次世界大战时期并未显出重要性，因为在那个时代答案显而易见。跳出零售本身，我们得以重新审视这一领域的动态，而这些需要回顾的问题如下。

· 价格策略。公司是否希望进行价格竞争？如果答案是肯定的，那么实体零售店经营的难度将急剧增大。公司需要在供应链方面加大投入，而经济学原理在此时也不再有存在的意义。在一个定价信息近乎透明的市场中，对于价格变化极为敏感的买家趋向于选择最为廉价的商品，除非存货仓库和零售店为一体。在很多方面，这就是沃尔玛和好市多的经营模式，它们更像是散装仓库提货系统，而非传统的零售店。总而言之，在线零售商将赢得价格战，因为在价格战的核心在于低成本的基础设施，而零售链条上的任何额外连接将会导致更高的成本。

· 产品系列战略。公司需要选择提供包罗万象的产品生产还是精益生产模式。很显然，在线零售商将赢得大范围的零售战争。它们并不受实体货架的限制，也没有大型商店的成本付出。在线商家仅需要极小的面积存储实体商品。在这样的情况下，实体零售商店无法取得提供大范围产品的优势，它们仅能通过商品独特性及为客户专门定制的方式获胜。产品线极为广阔的品牌拥有者和零售商家展开竞争，恐怕仅仅只是时间问题罢了。

· 渠道策略。我们的实体渠道将置于何处？对于网络商家而言，这一决策极为简单：它们只需要一个便于物流运输的场所。而实体商店的区域选择就更为复杂。如果实体零售仅仅只是获得商品，那么在一个紧密连接的互联网世界中，它们便没有存在的必要。实体店应该为人们提供娱乐、教育、共同创造和社交设施，它能够为顾客提供身心满足感。实体店应该是人们的活动场所，而不仅仅是商品的出售之地。

· 关注策略。人们是否会通过网络搜索我们的零售店，或者亲自前来购物？如果答案是前者，我们便面临着两个简单选择：通过独特的经营，建立专注某一领域的观众群，或者通过搜索引擎优化（SEO），建设引人驻足的网站首页。这两项选择都表明了一个清晰的策略：要想在零售领域存活下来，要么提供最为廉价的商品，要么选择最为专业的领域进行经营。要想二者兼得，商家只会在供应无极限的世界之中招致淘汰。

在线销售

　　在线销售仍然存在一定的困难。大多数小型零售商家需要建立销售网站。这些程序难度并不很大，但需要对其进行细致思考并采用多种技术方能完成。在线销售与网络博客及社交渠道不同，后者仅要求拥有打字能力，便可以开始刊登。因此，在线销售必须搭建移动网络平台（也正在搭建之中）。而一旦平台搭建完成，商家便只需打开智能手机，轻触按键，便可以将货物销售给全球各地的人，他们可以接受任何形式的支付，而店面的经营也非常简单。

能制造产品，就能做零售

在过去，工匠们直接出售自己生产的产品。而今零售领域的发展使得制造商、生产商及工匠们有机会接触到来自世界任何角落的消费者。借助零售行业，供应商能够进入更为广阔的市场，取得更大销量并拥有更大的商机。商家们将部分利润用于接触新客户是极为明智的做法。零售通过扩大消费者基础，降低了销售的阻力。在工业时代的大部分时间里，零售行业是制造商们无法且从未涉足的领域，而现在情况已然不同。我们正迅速进入"我们什么都零售"的世界，而在新的环境下，消费者希望能够直接获取心仪的品牌。

零售不再仅仅和那些出售货物的人员相关，也和那些制造商品的人相关。这不仅仅是因为此事已经成为可能，还因为这种模式能够提供利润率并能建立起零售商与市场反馈之间的直接联系。这些曾经的供应商们也能够进军零售行业，在这个人人皆可制造的经济时代，能够接近售卖对象成为了在商业世界中存活的关键。而这种权力掌握在经销商手中，我们已经看到零售商制造"自家"商品，并与其他供货商竞争。全球所有的超市都设立了自营的品牌，电商也是如此，甚至有线电视供应商也正在资助一些节目的录制以便填满各个频道。供应商们已然能返利于民，而他们也确实该这么做了。

制造商必须与其零售商划清界限

即使在今天，多数行业中的制造商放弃直销这样的潜在商机的情况也非常常见。其中一个最令其担忧的原因便是直销可能影响其当前的销售布局，也就是说引起零售商或加盟商的不满。在这种情况下，制造商的销售权连同产品一并被出售。而商业社会中一个最为普遍的现象是，那些不和零

售商进行竞争的制造商是极为不明智的。出售专有权和相关
权力已是工业时代的遗留物了。而在移动互联网时代崛起的
强大零售商却并不要求这种权利，诸如如亚马逊、iTunes 和
Zappos 之类的零售商必须相互竞争才能从知名品牌和行业中
获得商品的供应。那么为何零售商们要获得销售的专有权呢？

对不起，我们不在线销售

澳大利亚的汽车行业是一个不直接销售产品的行业。由
于该行业拥有长期建立起来的知名汽车商网络，整个汽车行
业对汽车领导网络的服从度较高。尽管多数加盟商销售多种
汽车品牌，通常这些汽车产自同一制造厂，但大多数澳大利
亚汽车商不在网上直接销售汽车。消费者可以搜索汽车并进
行在线设计，但无法进行在线购买，而是在任何汽车设计的
流程中，为消费者提供一份经销商地址，让其进行选择后前
往实体店进行购买。

各个经销商之间价格存在差异也是工业时代的产物，这
并不适用于今天的世界。当我们知道自己无法获得最满意的
交易时，特别当所购商品并非独一无二时，又如何能够相信
销售商家呢？这一情况就像商家假设我们还生活在零售价格
信息不透明的时代。这种小把戏为真实品牌的入驻打开了大
门。成熟市场的汽车经营商们获得了一个真正能弥补其零售
缺陷的机遇，而汽车消费者们也将对完成该事项的零售商们
进行嘉奖。

多数行业的制造商需要和自己的经销商建立起一种良性
的竞争关系。如果经销商无法更好地完成工作，那么他们也
就没有存在的必要性。消费者并不关注某家企业的零售基础
是如何建立起来的，他们只关心能够得到自己想要的商品。
而制造商们对于客户的关注程度应该超过行业内传统的渠道

资源。在未来，所有行业都将面临着消费者和供应商的竞争，因为阻碍直线供应链形成的障碍已经消失。

不要忽略渠道

我职业生涯的大部分时间都是在快速消费品行业内从事营销工作，营销的对象包括通常在超市中出售的各类商品。从业经历令我印象最深刻的便是对于创新的局限性定义。即使在今天，创新也仅仅包括营销矩阵的一般要素（营销要素包括产品、价格、渠道和促销）。大多数产品品牌仅就商品生产也就是产品本身进行创新。他们仅仅推出现有产品的更新版本，设置一个能够获利的新价格后，便在常规销售渠道中进行销售。生产商忘记了创新应该包括商业的所有领域，而并非仅仅局限于产品环节，还应该包括产品上市方式的创新。

为何销售渠道如此重要

销售渠道之所以非常重要，是因为它是与营业收入最直接相关的环节。这是产品销售前的最后障碍，也是与顾客产生互动的地方。如果企业将销售渠道外包给第三方管理，那么将会失去对自身品牌的有效控制，也会因此在销售的重要关口失防。甚至更糟糕的是，有些零售买家其并非真正的终端用户，只有真正的终端用户才有权力决定新产品是不是他们所需的，是否应该扩大生产？由此可见，外包销售渠道是一种风险极高的商业行为，尤其是在当前制造商有能力也希望进行直销的情况下。

随着分销体系和零售的急剧变化，我们应该对整体营销方案，而非其组成部分进行重新评估。那些曾经依靠第三方进行销售的品牌和行业需要找到新的方式进行直接销售，即使这意味着他们需要与竞争企业合作创造新的直销渠道，以避开传统零售商。在这样一个颠覆传统的时代，还有什么是不可能的呢？

如果我们仔细观察一下诸如谷歌和亚马逊之类的高科技品牌，我们就会发现其创新贯穿于整个营销矩阵之中，而非仅限于其核心业务，确切地说，就是在其产品上进行创新。谷歌正在制造无人驾驶汽车，而亚马逊生产出了计算机设备并进行销售服务（如 Kindle 电子书）。苹果公司则通过自己让人印象深刻的旗舰店进行经营，成为全球每平方米门店利润率最高的零售商。

黄金地段的时代已经结束

在很长一段时间里，零售商就像世界的一扇窗户一样，代表着通往人们能拥有的物品的最后接入点，这与主流媒体所扮演的角色很相似。在小时候，我们会一直焦急等待着本地商店开售电视广告中所播放的"必需"品。如果他们没有出售此类商品，我们也无能为力。如果某个黄金地点或地段被一家商店独占，其利润额会很惊人。通过为消费者提供购物渠道，他们拥有了很大的掌控力，而我们却很少（或没有）拥有选择余地。然而，黄金地段的把戏现在已经结束。商家仅仅作为进货商已然满足不了我们的需求，我们已经能够从世界上的任何地点，以最低价格获得这些商家们出售的商品，并且足不出户，商品便能被配送至我们的家中。

为了确保自己不被淘汰，小型零售商不得不出售稀有商品，否则，他们只能一直和其他商家进行价格竞争或不断扩大所销售的商品范围。他们必须尽可能选择长尾的末端，为小众但热情极高的客户群提供专门的产品。这些商家将因此获得此类顾客的青睐，而此类顾客对于价格的敏感度也不高，因为只有这类零售商能为其提供该类商品。

跨越边界与互联网再造

　　互联网的伟大之处在于，它能让在大众营销时代无法生存、不具备价格竞争优势和没有足够吸引力存活下去的企业获得重生。网络零售和互联网正在让某些行业重获新生。如果你曾是一名使用巴尔干硬木制造手工家具的匠人，那你最好祈祷在自己周围 100 公里的半径内，有足够多的人群对你制作的家具感兴趣。但如今，此类经营却可以在长尾端部获得繁荣，他们能够以很低的成本销往全球市场。在这样一个市场中，人们的财富在不断增长，而渴望独特艺术品的欲望也在日益增长，而人们可以在网络论坛中发现这类系列艺术品。虽然网络零售使得市场的竞争更加激烈，它却也为我们开启了曾被关上的大门，也为获利颇丰的利基零售提供了肥沃的土壤。最终，我们将看到的是零售选择分化成更加细小的组成部分。

客户体验比商品本身更重要

　　实体零售商必须知道商品不仅仅是可出售的物件，它们更多的是一种体验。在很大程度上，零售商将更多地促进社会发展。他们应该尽量创造剧场化的活动和客户体验。对购买者而言，前往实体商店的经历和购买的物品同样重要（或更重要）。购买商品本身并不足以让顾客花费时间前往实体商店，零售商必须谨记"客户体验比商品本身更重要"这一信条，并将其深深刻入自己的脑海之中。不断兴起的咖啡文化正是这一理念的最佳体现。

> 零售商必须谨记客户体验比商品本身更重要这一信条。

咖啡文化中的线索

墨尔本是一座钟爱咖啡的城市。分布在时髦市区或宁静郊区的每一家零售店似乎都会有用自家烘焙的咖啡豆制作的特浓咖啡出售。顾客们也乐意花费比自家高出近百倍的代价在店中喝上一杯咖啡，虽然他们在家中也可以使用同样的咖啡豆磨出同样的咖啡，但事实上他们并非为咖啡而来，他们是为了咖啡店所营造的那种氛围而来，而咖啡店的装修风格很可能是我们希望出现在家中厨房里的。顾客们来此会见朋友，与他人交际或与最爱的咖啡师聊上几句（甚至不知道其姓名）。光临咖啡店更多是为了观看技艺娴熟的咖啡师在观众面前现场表演技艺。他们是为了自己渴望的社交而来，也是为了在自己的一天中增添一点小乐趣。在这种情况下，咖啡不再仅仅是咖啡，零售也不再只是零售。

零售思想经历了如此巨大的改变，因此，我们在实体店中，不再关注自己所购买的商品，而更多的是关心从这个过程中所获得的体验，而网络零售可以帮助我们以最为优惠的价格从全球获得任何物品。

那么，如果我们想要的物品可以在家中即时进行生产呢？虽然难以置信，但 3D 打印将使得这一切成为现实。

CONCLUSION

碎片化时代趋势	零售不再仅是供应链的终端，还是每家企业、每个人都能完成的事情。
碎片化时代商业影响力	如果你制造了物品，那么你必须将其出售。那些和买家及受众拥有直接联系的人拥有最大的权力。

The Great
Fragmentation
and
Why the Future of
Business
is small

第 10 章

比互联网更为宏大：3D 打印革命的到来

虚拟的现实

科技重复的历史

家庭工厂

盗版的泛滥

父亲和女儿眼中的 3D 打印机

　　自第一次听闻 3D 打印时起,我便对其产生了浓厚的兴趣。3D 打印也被称为"增材制造"或"数字制造",它是一种通过激光（数字光处理）将不同层级的材料熔炼到一起以创造三维或立体物品的工艺流程,而除了激光方法,该领域中的其他打印方法也正在迅猛发展,几乎每天都有新的突破。很多人已经观看过 3D 打印机的工作视频片段,视频中打印出来的很可能是一件无用的塑料工具或手枪。人们通过访谈类节目《60 分钟》了解到了这一技术,并迅速开始关注它。在这个方面,传统媒体还是起到了重要作用。

　　就打印成品的使用价值而言,3D 打印已经达到了一个拐点,它是一项彻底的工艺革命,即使是最为热忱的技术专家也为之惊叹不已。3D 打印机通常可以打印复杂的移动机械组件,并在单次构造过程中完成这项工作的,但更具变革意义的是,3D 打印已经涉足生物技术领域,用于打印人体器官替代品、合成性骨骼及电脑辅助式肌肉组织设计。除此之外,3D 打印技术还能够打印各类电脑技术产品,包括微型芯片、电路板和电容器,当然还有很多我们无法想象的物品。是的,这一切就像历史的再现:通过简单的扫描和控制面板按钮,实现物体制造。关于 3D 打印技术更为重要的问题是"他们不

能制造什么"以及"拥有了《星际迷航》中复制器一样的 3D
打印机，我们还能如何创收"。

在搜索历史上关于互联网的新闻报道时，我在 1982 年的
《纽约时报》上找到了一片署名为罗伯特·莱因霍尔德（Robert
Reinhold）的文章《研究表明科技能够改造社会》。

该篇文章描述了一个计算机形成全球化网络的故事，人
们只要触动鼠标，所有信息便都能被传播、下载及操纵。我
们能够即时听音乐，看电影，办理银行业务并发送电子邮件。
我们还能通过电视屏幕和全球各地的家族成员见面而基本不
用付费。该报道预言了有悖于传统人口组团的社会群组的形
成。它甚至断言对多数发达国家而言，建立和全球计算机网
络的连接成本比本国平均周薪还低。该报道认为这些虽然仅
仅是想象，但将会引发一场革命。

而今天我们知道，人类从科技革命中的获益比上述文章
所言的有过之而无不及。我们都经历过了全球互联网的形成
过程，因此，对于 3D 打印的前景，我们应该持开放的态度。
它能够改变我们的现实及人造世界。3D 打印使得生产流程碎
片化，绝大多数的生产将永远实现分散式生产。

从这个意义上来说，我们所处的世界将变成一个信息即
一切，知识能够转化成实体，而互联网则能够跨越虚拟和实
体间的鸿沟的世界。

虚拟的现实

虽然科技已经广泛应用于牙科、医学、汽车以及航空领域，
但进入我们的家居生活尚属首次。著名的设计师、发明家及
未来学者巴克敏斯特·富勒（R.Buckminster Fuller）设想了一

种未来状态：到那时，人们将以更少的投入创造更大的产出，而最终人们将凭空造物。富勒在 1938 年就构想了这一现象，并创造了"投入趋零化"一词用于描述。

在富勒的设想中，尽管资源有稀缺性，但"投入趋零化"将使得不断增长的人口的生活水平得到提高。他多次以亨利·福特的流水作业线为例，这一生产方式使得我们能不断以更低的成本制造出更好的产品。目前，3D 打印技术在很大程度上仍是技术黑客们的玩物而未被广泛应用，但其创新前景却极为广阔。以下所罗列的这份大致清单将使我们认识到 3D 打印的潜在影响力，也能证明这项技术不断扩张的力度。

- 汽车。汽车整体可以实现打印，不管是已有车型还是新推车型。在 Ubree 2 这款汽车中有超过 50% 的部件是经打印而成，而其时速能达到 180 公里。
- 工具。任何类型、形状及机械运动的工具均能被打印，其打印材质是钢铁及比钢铁更为牢固的碳复合材料。
- 相机镜头。当前有机玻璃镜头的高性能表明，人们很快就可以使用玻璃借助 3D 技术打印此类产品，其品质将远高于市场其他产品，而其售价却会锐减。
- 食物。是的，巧克力、牛排和汉堡均可以实现 3D 打印生产。NASA 正为长期太空飞行进行这类流程实验。生物工程创业公司 Modern Meadow 已经实现食用肉的 3D 打印。3D 打印食物虽然可能无法引起我们的食欲，但对于减少现代农业的影响具有重要潜在的意义。
- 服装。我们已经拥有了 Cosyflex 这款 3D 打印，可降解柔软的合成织物，它和平常的服装并无差别。这款面料是天然胶乳聚合物和棉花纤维经由水雾喷嘴制造而成的纺织物。
- 珠宝。人们不仅能用塑料打印珠宝，也能够使用贵金属进行打印。

- 自行车。3D 打印的自行车零部件在组合后，便能形成功能完善的自行车。
- 乐器。人们已经可以使用 3D 打印机打印乐器，而其音质与手工制造的乐器并无二致。
- 无人机。这种实现完美飞行的飞行器也是经由 3D 打印的零件组合而成的，其大小仅如手掌而构造却很紧密。
- 火箭助推器。NASA 3D 打印的火箭助推器能够产生 900 千克的推力。
- 机器人。哈佛大学和麻省理工学院的联合研发团队共同研制了一款令人印象深刻、能够自行装配的机器人。它使用了形状记忆高分子材料，因而在部件打印之后，机器人能够自行进行组装。
- 工作引擎。3D 打印可以在单次构造流程中完成引擎打印。
- 外科修复。3D 打印可以制造假体，应用于商业及家庭领域。动过截肢手术的理查德·范·阿斯（Richard Van As）构造了被他称为"机械手"的假体，以代替自己失去的手指，并取代了需要

花费 10 000 澳元来购买的假肢。阿斯弯曲手腕时，五个手指便会紧握，而他也将自己的设计上传到网络上，以帮助其他残疾人制造属于自己的假肢。
- 身体器官。美国康奈尔大学已经成功地打印了能够使用的耳朵，它使用了源自患者肋骨的细胞来制造。位于美国圣地亚哥的研究公司 Organovo 甚至成功地打印出了人体的肝脏组织
- 房屋。美国南加州大学工程学教授贝偌克·柯施耐威斯（Behrokh Khoshnevis）计划在不到一天的时间中通过 3D 打印机建造一栋完整别墅，并且电力和管道铺设也能够同时完成。
- 其他 3D 打印机。开源式 3D 打印机 RepRap 能够复制打印更小版本的 RepRap，从而节省了许多组件的成本，事实上，多数 3D 打印设备能够打印出自身 8% 的组件，这将开启一场革命，即硬件也能够完成软件擅长的工作：复制自身。

在我在撰写这本书时，上述清单已经过时了。而这再正常不过了，3D 打印技术已经被那些凭想象进行创造的人们所掌握，这些人无须受他人的批准或允许，仅需在开源打印机设备和软件的帮助下，便能够完成工作。事实上，我们无法得知 3D 打印技术的狂热者已经在家中制造出了什么东西，要知道这张清单中所展现的物品仅是 3D 打印初级阶段的小试牛刀，未来存在着无限的可能性。通过回顾，我们深信 3D 打印能够创造任何物品。3D 打印的工艺流程比起人类能够根据数字指令创造出物体的理念，则显得无足轻重。因为该理念代表着我们甚至能够创造出造物之物。包括科技在内的一切物体身上都孕育着自我复制的胚胎，这和我们的生命有着异曲同工之妙。

3D 打印的物理属性使其被划入"比互联网更为宏大"的范畴。到目前为止，互联网所做的仅是改变了信息的分布，即人类获取数据方式的转变。一旦人类造物的方式发生了改变，那科技革命的影响力将会波及人类生活的一切，其影响如工业革命对农业时代的冲击一样巨大。它改变了我们的生产内容，也影响了每个人所能够拥有的物品。通过 3D 打印，人类可以获得自己想要物品的定制版本。而 3D 革命也将同样深刻地影响着个人和企业的营利方式。

3D 打印制造商宣称任何物品的产量只要少于 20 万个单位，其价格便不具备竞争力。如果我们停下脚步来观察一下自己所住的房间，就很容易发现自己的房间里存放着数量惊人的各类物件。这些物件将很快就可以在家中自行生产，这不就应验了那句话吗？只要我们能够获得定制产品并对其作出个性化调整，谁还会想要工厂为大众制造的产品呢？

科技重复的历史

和其他所有的科技一样，3D 打印技术的价格正在迅速滑落，最为初级的模型仅需 100 美元。这样的价格水平对于任何一个发达经济体的大多数民众而言，都是可以负担得起的。当然，尖端的 3D 打印设备价格可能超过百万，但是大型的纸质打印设备不也一样吗？问题的关键在于，当价格不再成为阻碍时，3D 打印技术将进入拥有网络链接的千家万户。目前唯一所欠的东风便是大众流行文化对其的认可。我们需要新建社团，寻找家用 3D 打印的突破口。而社团成员必须从那些认真思考过 3D 打印技术并深信"家中必须拥有这样一台设备"的群体中选择，而对 3D 打印技术的渴望浪潮正在迅速席卷整个社会。

除此之外，以用户为中心、工序流程与相关操作相对简化的界面将以一种难以想象的速度快速发展：一方面，我们已经深谙互联网技术所具有的变革力量，同时也体验到运用知识所带来的收益；另一方面，我们深知正经历的巨变，即完全以人为本，充分释放出每个人自身的力量。在这些因素的共同作用下，科技正迅速地渗透进我们生活的每个角落。我们对此深信不疑。我们需要知道的仅是 3D 打印技术能够为我们做什么。零售商们应该捕捉到这个商机，将 3D 打印设备作为家居生活必需品销售，而非仅仅将其视为 3D 打印爱好者们的小众市场。

任何 3D 打印品的质量均比工厂产品更为优秀，这一事实虽然让人难以相信，但确实值得我们深思。

在 1984 年，一台柯达照片处理机需要超过 80 万美元的投资才能将电影处理成照片。而今天，一台售价仅为 50 美元的喷墨式打印机便能复制出与原画面分辨率没有差别的电子照片。计算机也经历了从大型电脑演变成今天轻巧放置于口袋中的科技设备。我们清楚地看到，科技正在重组工业，使得那些曾经体量庞大的行业分崩离析。正如大众传媒不得不与草民新闻共享市场一样，工厂也需要与在家中劳作的互联网工匠们分享市场。继桌面出版业之后，桌面制造行业也将出现。

具有前瞻性的企业家们已经开始为进军 3D 打印领域在架构"通道产业"，这将在未来几年中，在 3D 打印尚未饱和的阶段，为其他企业带来行业经验并助其建立市场。如 Ponoko 这样的在线 3D 打印商店正在兴起，他们根据客户或他人的设计，为他们打印产品并将成品寄送回去。我们也见证了 3D 打印商店在繁华的商业区、购物中心及办公供应商店中的兴起，它们最终能够提供最高质量的"个人制造"服务，而工业级别的 3D 打印服务也将遍布全球。

家庭工厂

"家庭办公"已经不再是新词了。我们习惯使用的互联网沟通工具已经深入所有家庭。它们使办公变得相对轻松，因为所有能够联网的电子设备都能在家中执行我们的指令。每台桌面计算机旁均会放置着一台 3D 打印机，与 2D 设备平分秋色。当然，我们最终都会在车库或者工具棚里面用 3D 打印机制造大物件或者一些零部件，比如在当地购物中心停车时不慎撞坏的塑料挡泥板。给自己的汽车"打印一个保险杠"事实上也并非天方夜谭。本质上，它只是一块经过工业设计的塑料。如果我们根据车型及特定的设计代码，从公司官网上下载设计模型，并按相关车型的要求使用聚合物配方，那么在家中打印保险杠也没有理由不能成为现实。事实上，3D

打印对于终端客户来说成本更低，而同时能够为制造商创造更多利润。可以预见的是，将来汽车修理工的职业将被汽车组件装配员所取代，这些人随叫随到提供装配服务。

在未来，人们更多购买的只是设计。下一代的电子商务网站将不会为我们发送选购的商品或品牌至家中。取而代之的是，我们将从全球移动互联网百货商店中下载设计理念，这一平台也许是亚马逊，也许是其他想要改变世界的新兴企业。毫无疑问，先知先觉的企业都想要参与其中。这和今天全球品牌在制造业中的既得利益并无关联。在商业的上一次变革中，企业将生产外包至全球市场和劳动力成本低廉的地区。如果生产、物流及分销能够被全部削减，那么企业的利润自然也会提高，而这些只会留给那些充分理解时代的转变并能抓住机遇的企业。3D 打印还能帮助我们通过减少运输量及生产过程中的浪费获得环境收益，这将会让生产过剩控制在最低水平。要想实现这一切，商业品牌制造商们需要制定决策，更多关怀消费者而非传统的渠道与基础硬件。他们必须放弃目前正在为其创收的工业体系，而这正是大多数传统产业所坚守的。

盗版的泛滥

那些受到 3D 打印影响的知名品牌所面临的真正挑战，并非这一新型的经济架构能否运行，而是他们是否拥有足够的勇气接受这一改变。我们目前掌握的最佳范例便是音乐行业。MP3 下载和音乐流媒体服务本该是大型唱片发行公司的领地，但相反它却掌控在音乐爱好者手中。

让我们想一下那些使用塑料及 3D 打印材料制造的知名太

阳镜品牌吧。他们将会推出更多设计，也将是时尚品零售的天作之合。事实上，新品的推出速度是打击山寨行为的关键因素，因为那样将使得山寨难度加大，而战胜诸如海盗湾之类的网站将变得易如反掌。如果高端设计品牌的实际打印设置限制能够实现全网分享，那么一定是很有趣的事。金钱将无法体现设计的价值。我们将很难在一个充满着复制的世界中发现这些设计，然而，零成本的互联网复制是一个无法避免的事实，因此，我们必须接受这一现实，从而才能找出令其付费的方法。

我们可以预见到，这将引起很多先前无法预料的法律问题。即使那些不出售设计的品牌也难免招致山寨。每一台3D打印机都将配备红外和声纳扫描仪，只要一扫描，我们可以复制任何物品的电子设计档案。我们想象一下，置于智能手机中的扫描仪，可以对那些实体物品扫描并上传网络。从此之后，公司发布的设计文档或者设计本身是否免费已无关紧要。

为了防止品牌公司招致攻击，他们必须意识到品牌并不只代表着产品，而更如同一种身份识别。事实上，3D数字百货商店将大大提高新产品的交货时间。3D打印也能缩短两次购买之间的时长，提高购买频率并加快时尚周期。制造商也将很快获得机会接洽到分布在全球的免费劳动力，对于很多信息市场的参与者而言，他们将成为内容的创造者。而与此同时，品牌公司也会释放出愿意共同创造的信号并分享财务回报，但首先需要形成一种思维共识的基础，才能实现这些设想。品牌公司还需要具有足够的勇气将品牌交由受众，并出让控制权。品牌的拥有者们必须相信，民众能够创造许多他们无法创造的东西。媒体行业的变革已经证明了这一点：他们重新设计了每一种传播的形式，而更大的惊喜还在后面。品牌公司也应该允许现实中跨界混搭的发生，以便让最好的设计不断涌现，但他们也必须清楚地认识到共同创造并无清晰的货币化分享方式，充其量也就是模糊不清的。品牌公司应该抓住未来，并探索各种商业的可能性。

我们很难想象根据需求创造物品的世界是否还将继续存在。但对于前工业化时期的工匠们来说，他们无法知道工厂和产品的最终形态是什么样的，同样也无法知道第一代晶体管如何将我们带入信息时代。我们唯一能够确定的是社交媒体和公众化的新闻将最终发展成为泛社会化设计和泛社会化制造。从历史角度来看，除了工业革命二百年的宁静时光外，这其实是一种常态。

父亲和女儿眼中的 3D 打印机

几年前，当我拥有第一台 3D 打印机时十分激动。当第一代家用 3D 打印机上市时，我便购买了一台。我通过向人们介绍 3D 打印机的基本原理，并在人们半信半疑之下进行操作，通过视频的展示帮助人们完成首件作品的打印，这些经历令人印象深刻。这是我和自己 70 岁的父亲以及 4 岁的女儿共同的社交实验。

当我在家中书房摆弄着自己的 3D 打印机时，我的女儿走进书房，并指着打印机问我那是什么玩具。她一定听我妻子说过这事。虽然 3D 打印机不是一个玩具，但我也无法解释它是一个商业必需品，只是不久的将来，我们在生活和商业中都会需要这一产品。我告诉女儿这是我的 3D 打印机。她并没有如往常一样问我很多好奇的问题，比如"什么是 3D 打印？"她只是点了点头表示确认。我问她要不要我给她打点东西，比如一件玩具或者一些首饰。我还依稀记得一些 3D 打印文件分享网站，比如 Cubify 和 Thingiverse，那上面有一些专为小孩设计的有趣物品。女儿很快回答："好呀！爸爸。"并且她似乎对于我们当场能够给她打印一些小玩意感到很兴奋。谁又会不兴奋呢？在我们面前的是 3D 打印机，它是一切实体物品的未来。

之后我们还扫描了一下屏幕中的首饰，选出了一款好看而且色彩斑斓的手镯设计，下载文档之后将其发送至打印机开始制作。我按下了打印按钮，它便开始打印。在寻找选择设计时，我甚至有些紧张，我这可是在家里当场给一个小女孩打印一些私人的首饰。打印开始之后，我对女儿说："快看，快看，正在打印了。"而女儿只是很平常地回答道："真好，谢谢爸爸。"然后便离开书房了。当然，女儿一定很喜欢手镯，只是不太关注打印过程。打印过程对其而言毫不重要，她只关心自己想要的手镯。

在打印完成了之后，我又把女儿叫回书房，然后对她说："看，这就是你的手镯，我给你打印出来了！"而女儿的回答还是如先前一般，她说："谢谢爸爸！"然后便将手镯套到手腕上跑开了，继续着自己无忧无虑的童年。

而我的父亲对 3D 打印则有着完全不同的反应。当我第一次跟他说自己买了一台 3D 打印机时，他并不太明白我所说的机器是如何根据电脑指令"凭空"打印出一些物品这件事的。对他而言，这完全就像科幻小说。而我对他头一回介绍 3D 打印时，他甚至以为我在开玩笑。为了向父亲展示 3D 打印，我通过智能手机从 YouTubes 上随机下载了一个 3D 打印视频，加以解释。父亲完全被视频迷住了，而后开始大笑这是一个恶作剧视频。

直到父亲来到我家之后，他才真正明白了 3D 打印技术的真正含义。我向他展示了自己的小打印机，在机身周围设有一个周长 15 厘米的正方形平台。我告诉父亲，我可以当场打印他想要的任何东西。我父亲曾经是名手艺匠人，他一生使用最多的工具便是锤子，他也曾在农场工作过。我跟父亲说，我们能够打出一件含有活动部件的工具。他决定打一个活动扳手，而在打印的过程中，父亲一直在说："不是在开玩笑吧，这真的太难以置信了！"父亲从未想到能在有生之年看见这种革命性的技术，3D 打印让他觉得难以置信。父亲观看完了整个打印过程，整整一个多小时里，他被互联网世界的魔法变出来的这些真实物品给迷住了：他能够触碰并使用打印出来的物件。当打印完成之后，我无法找到合适的词语形容父亲当时有多么惊讶，3D 打印完全颠覆了他的逻辑思维。

打印完成后，父亲对我说："我可以留着它吗，史蒂夫？"他完全没有意识到我可以轻松再打印一把。几周后，我和父亲见面时问及 3D 打印扳手，他告诉我他把扳手留在了汽车的工具箱中，并向碰到的每一个人解释这把扳手的来历。父亲接着说，他超过一半的朋友都不信扳手是打印出来的。如果任何 3D 打印机制造商需要为某一个品牌进行宣传，我想父亲一定是最佳人选。

父亲和我女儿对 3D 打印的反应截然相反。这也诠释了我们对于前沿科技最佳的定义："那些在你出生之后发明的事物。"

每一代人似乎对事物都有着不同的看法。真正重要的是，当我的女儿 14 岁时，她和身边认识的每个人都将拥有一台 3D 打印机。仅仅在 10 年以后，我们便可以在家中每天用 3D 打印机打印任何东西。如果你仍觉得难以置信的话，那么让我提醒你，今天我们使用的每一个社交媒体渠道，它们在 10 年之前是完全不存在的，而今天这些社交媒体完全改变了我们的经济领域。

我深信，3D 打印对于社会的影响将远远超过互联网。是

> 仅仅在 10 年以后，我们便可以在家中
> 每天用 3D 打印机打印任何东西。

的，它们同属于一个生态系统，但 3D 打印却引发了更多看似无法回答的问题。

- 我们如何阻止人类打印诸如枪支之类的危险品？我们没有办法。但任何科技只要落入罪恶之手，都会存在危险。我们都还记得刀具这种工艺形式吧？它的历史几乎可以追溯至人类的起源，但我们仍然会在厨房里使用刀具。因此真正的危险在于人。
- 我们如何保护制造公司免受 3D 打印威胁？我们没有办法。3D 打印使得传统的制造方法变得极为冗繁，且利润极低。制造商应该是 3D 技术的受益者，而非受害者。新的技术因其反抗性终究会得以实现。

- 当人人都能自己制造任何物件时，我们该如何赚钱？我不知道。但我知道答案掌握在那些在新的商业生态圈里摸爬滚打的人手中。我也确信某项事物的人性化程度越高，就越能获利，因为科技再次实现了自身的更替。我们可以从音乐行业获得许多经验。平台远比产品重要。我们必须为人们的创造提供平台，除非产品本身即是人类，正如 20 世纪 80 年代那些流行歌手由于人气尽丧，又开始了街头卖唱。人类表演永远无法被取代。

　　重要的是，我们需要抛开器具、工具和机械，对 3D 打印技术进行思考。我们需要知道多元材料、单流程打印任何物件的时代正在来临。

　　感怀过去以及那些失去的机遇是一个特别人性化的过程。我常常回想，我在 1980 年时，应该在那台型号为 TRS-80 的 16KB RAM 家用电脑上继续着我的编码，这样我也许在 1995 第一次触网时便可以成立创业公司。3D 打印的时代已经来临，任何公司或企业家想要参与其中都还来得及。这是一个拥有

无限可能性的时代。3D 打印将影响所有的商业领域。仅仅庞观其发展是远远不够的，我们需要参与其中。

制造业的将来必定是呈现碎片化形态的。制造业拥有的优势便是从媒体行业已经发生的历史中寻求经验。

CONCLUSION

碎片化时代趋势	3D 打印技术将制造业从工厂带至书桌之上。
碎片化时代商业影响力	桌面制造的巅覆性潜能和互联网对于以信息为基础的企业的影响力相当。

The Great

Fragmentation

and Why the Future of

Business

is small

第11章

大屏播放：后大众媒体时代

消失的电视

终端设备的整合

数字分界时代

碎片化的大众媒体平台

传统媒体所面临的挑战

屏幕至上

平台之上的平台

如何在细分市场中生存

填充渠道的空洞

获得关注最简单的方法

付费电视必然消亡

打包交易产品的终结

人口分析的终结

生产商们忘却的内容

我们可以期待的是什么

赢者和输家

　　碎片化时代所有被瓦解的行业中，媒体行业所遭受的影响程度最深。我们甚至可以说传统媒体行业已经被彻底击溃，因为当今互联网时代媒体行业的强势群体与之前相比，已经发生了根本性的改变。媒体行业新的中坚力量也极大改变了该行业的格局。这并不意味着在接下来数年或者数十年中，媒体行业就能保持相对稳定。媒体行业的变局还将持续进行。即将来临的瓦解变数比我们已经亲眼目睹的变革有过之而无不及。我们今天所熟知的媒体定义也将成为历史。

消失的电视

　　每当为企业领导们就媒体问题进行讲座时，我总会问及一个简单的问题，用以了解他们是否已经对移动互联网科技时代的来临做好准备，并观察他们是否已经认识到科技时代对最为基本的媒体工具——电视所产生的巨大影响。

　　我的问题是："在你们的国家／市场中，现有的免费电视频道有多少个？"得到的答案有超过九成是错误的，即使我发问的对象就是媒体、广告及营销领域的高管们。这些管理人员往往会将新时期免费的数字频道纳入统计，部分人员将付费电视也包括其中。仅有少数几个答案反映了当前的市场现实：我们有超过 6 亿个免费的电视频道。

然而，实际上的数量可能还更多。只要生活在拥有网络链接环境中的民众，便可以观看无数个电视

> **我们有超过 6 亿个免费的电视频道。**

频道。这一情况的出现有以下几个原因：首先，市场上已经不存在无法联网的电视机，今天所生产出来的每台新电视机都有网络链接的功能；其次，更重要的是，实体的电视机已不复存在。我们所拥有的只是屏幕，而所有的屏幕将很快实现同质化。通过互联网途径，所有的屏幕都能够播放联入其中的内容。传统电视中通常播放的地区免费频道，现在仅占我们真正观看内容的极小份额。

电视作为视听服务的终端

今天我们需要以一个崭新的角度来看待电视：

电视 = 点播式视听服务的终端。

事实上，它犹如早期企业计算机的显示终端设备。很快，电视就将成为屏幕联网中的一员。

当前电视已经实现了和智能手机、家庭电脑以及网络连接的功能。在不久的将来，它也可以和智能家居及智能汽车相连接。当前移动互联时代正在接近一个临界点，在此之中，电视将在"被终结"的同时"重获新生"。电视已经演变成了另外一种数字野兽，而它也只有完全脱离其历史功能，才不会被淘汰。电视将不再仅仅提供单一目的的服务，它与过去功能唯一的重合之处便是输出视听内容。商业领域同样需要尽快修正对电视的看法，它现在仅仅是多种互联互通播放设备中的一员，也是提供点播式服务和内容的电子设备。电视不

再仅仅放置在我们的客厅中，任何屏幕皆可被视为电视，电视的形态已经与过去完全不同，曾经的电视将不复存在。

终端设备的整合

终端设备整合的理念长久以来都是科技领域最受关注的话题——一场神圣的互联网运动，也常常作为科技领域下一年度的预测热点。然而，在过去三十年中，我们更多看到的是科技设备功能的分离，而非不同数字功能的整合。直到智能手机这一口袋科技设备的出现，才开启了屏幕文化时代，情况从此得以转变。我们虽然还有其他不同功能的科技设备，但它们正不断承担着同样的功能。智能手机或者口袋装屏幕设备，正迅速成为连接多种功能于一身的控制面板。

智能手机或者口袋装屏幕设备，正迅速成为连接多种功能于一身的控制面板。

数字分界时代

在互联网时代之前的媒体行业中，内容输出设备与内容创造设备泾渭分明。每一个平台都明确按照事先约定与适用的范围，利用相应的技术输出内容。不同电子设备间几乎不存在功能重叠，往往各司其职。

新闻报纸、杂志、广播、唱片、影院以及电视的功能不尽相同。他们都拥有自己的频道，面向不同的受众输出各自的内容。尽管当时存在着跨媒体控制权和大型媒体集团，其传播的重合度也不会很高。

然而，当每个人都能掌握创造内容的工具后，这一现象彻底被改变了，媒体行业也进入了数字分界时代。任何一家传媒公司的输出内容都正在被分化为多模式的体验。大多数传媒机构也开始进军竞争对手的领域，这并非源自业务需求，而是科技使得这一切成为现实，观众也对此存在需求。传统媒体各司其职的界面逐渐被模糊。以往各类大众媒体为求生存，只能转向提供多模式内容服务。因其观众正在分化为不同群组，故而他们对自身的产品也不断进行分化。这是一项艰难的任务，不仅提高了运营成本，也很难保证能留住原有受众。

碎片化的大众媒体平台

在诸侯纷争的多平台世界中，新闻报纸、杂志、无线电台、电视以及电影院必须扩大其经营范围，以吸引大众的眼球。他们不再通过自身选择的频道创作行业内容，而必须通过受众选择的频道进行创作，因为在互联网世界中，观众不再严格区分不同媒介的界限。

今天，传统媒体必须通过多个平台创造并提供内容。以下这份清单粗略地展示了媒体必须涵盖的不同领域：网站及内容；智能手机应用；视频内容；新闻；博客；社交网络账号；播客；会员通信；论坛；分类网站以及纪录短片。他们还必须确保能够根据需求进行内容交付，并及时对各个平台作出反馈。这一工作并不简单，而且成本也很高。

传统媒体所面临的挑战

传统媒体面临的主要挑战是其商业设施及模式是围绕大

众媒体所架构的。他们需要完成大量的日常工作，以保住"大众"地位并留住观众群，他们也需要一个海量受众以支撑代价高昂的传统业务运营。他们必须追寻着观众的脚步，而受众群体永远能够找到新的方式和关注内容。

相反，新媒体企业则不必如此。新媒体企业的价值在于，他们无须建设成本昂贵的商业设施，也不必依存于广大受众。这也就解释了为何传统媒体需要捉对厮杀，并努力保证收益的原因。这也许听起来有些异想天开，但一位崭露头角的作者仅需一台拥有网络链接的电脑，借助灵感和开源软件的帮助，便能和世界最大的报纸（纸质）进行竞争。人们今天需要的仅是专注某个细分市场。

博客 vs《纽约时报》

在自媒体异军突起的短短时期内，那些广受好评的博客作品便超越了一度难以企及的新闻界大鳄。他们能做到这一点有两大原因：无须负担昂贵的传统媒体商业设施以及不必刻意追求传播量。

媒体新贵们的权力源自"无为"。在碎片化的媒体世界中，专注细分市场比起努力迎合大众媒体更能带来利润。网络新闻均是小众传播者，但其体量却并不小。他们选择受众然后精心服务，媒体行业新军并未发起正面攻击，而是采取不断包抄侧翼的做法。事实上，很难定位一份新闻报纸和一个博客的差别，因为我们通常仅仅阅读报纸的特定版面。在过去，我们购买整份报纸但仅仅阅读其中能引起我们兴趣的部分。一旦新闻转移至互联网平台上，我们便能直接点击想要浏览的部分。突然之间，从传统报纸中分化出了大批的读者群，而报纸也必须迅速针对细分市场调整广告策略。但问题是，大多数的细分市场已被更多聪明的博客创业公司所占据。

如果我们观察一下传统报纸及杂志中的最热文章，不难发现新媒体宠儿们正肆意地将传统媒体行业所涉及领域如娱乐、名人文化、体育、科技以及商业的大佬们踢出去。

请注意，不同的博客类别也做到了最小化的细分，传统出版企业那种"包办一切"的做法已经行不通了。而在互联网时代，人们拥有无数的关注渠道，那些追求内容大而全的企业正逐渐消失。排名前十的博客网站均非传统媒体拥有者所开设的。

同样，博客网站相对于新闻媒体的市场价值也得以体现。近期，《华盛顿邮报》被亚马逊的创立人及 CEO 杰夫·贝索斯以 2.5 亿美元收购，而知名的新闻类博客高客传媒（Gawker Media）的报道市场价值则超过了 3 亿美元。小众博客抱树人（Treehugger）及名人宝贝博客（Celebrity Baby Blog）在 2000 年均以百万美元的价格被出售。此外，分类广告这一摇钱树也正在被专注的企业转移至互联网平台上，而我们也见证了一场以小胜大的经典战役。

你更相信谁

你会相信为利益而替全球知名品牌（它们或许正在污染地球或鼓励儿童食用有毒的食物，抑或为了增加销量而故意生产不耐用的商品）发布广告的那些大型媒体机构所告诉你的关于世界的真相吗？或者你会选择相信一位充满激情的"业余写手"关于你感兴趣话题的博客，他们满怀激情地在周六晚与他人分享着有用的信息，不为钱，不图回报，也与既得利益没有半点瓜葛，而仅仅是出于与他人分享价值的初心。当然，我们每个人都有自己的日常工作，即便孤独的博客写手也有，但在我眼中，也许日常工作的纯洁度和独立程度有关。我很清楚自己更相信谁，这种信任是在所有物品价格都在贬值的连接经济环境中最强有力的硬通货。

屏幕至上

本章命名为"大屏播放"的原因在于，在所有以屏幕为基础的文化中，屏幕几乎是进行媒体消费的切入点，而无论其所属范畴是什么。曾经不借助屏幕进行呈现的那些媒体从现在起，也纷纷转向借助屏幕。

智能屏幕是所有媒体的端口与传播形式。许多企业虽然已经抢占了手机屏幕入口，但电视屏幕还有待于各路人马抢滩登陆。

- 我们收听播客节目前，均需打开小小屏幕上的应用；
- 现在人们阅读新闻报纸主要是通过屏幕在线阅读；
- 杂志为播客取代，并多在平板上阅读；
- 一份报纸的网络版可能包含视频内容及电影在内；
- 广播可以通过手机应用及车载屏幕控制；
- 直播活动通常通过基于屏幕的网络方式进行传播。

媒体的前世今生

传统媒体的主要职责是为受众传送内容：为每个频道进行规划，并根据不同时段的观众特征制作节目。那些提供精彩内容的媒体就能赢得观众。

而如今，对主要媒体行业参与者而言，最重要的工作便是提供平台以供观众创造自身真正想看、想听且想参与的内容，而非像在 20 世纪后半叶那样，强行让观众接纳那些乏善可陈的内容。此处，我所指的媒体企业包括了谷歌、YouTube、Facebook、Twitter 及苹果公司。科技产业已经内化为媒体行业的组成部分，而媒体行业也融入了科技产业之中。事实上，我们所从事的一切均可成为科技行业，只是某些行业还未清楚认识到这一点，这和二百年前工业革命初始阶段，农业和手工业陷入层层包围中如出一辙。人们要么选择顺应潮流，要么失去竞争力。

所有的新媒体都在为碎片化信息和小众市场的媒体内容提供发布平台。他们开启了互联网仓库，互联网工厂并对观众们说："来吧，创造些惊人的东西吧！创造些人们喜闻乐见的东西吧！我们给你提供平台，持续跟进那些我们想象不到或者你非常在行的话题吧！而你我都能从建立观众群中受益，也能通过工具赚钱。这对我们是个双赢的结果。"

媒体权力的移交

媒体放弃了那些受到严密保护的资产的控制权，并将其移交至观众手中，这其中包括生产工具和获得观众的渠道，或者更准确地说，建立观众群的机会。而其结果之好超乎了任何人的想象。被连接的大众和创造性人才库能够做到同样的事情，并无差别。我们很快便意识到风尚引领者们并没有什么观众无法企及的秘密才能或知识。在以前，普通观众只能被动接受选择，而无法自我选择。他们一旦获得了媒体工具，真理的面纱便会被揭开。我们都能够提供内容，特别是为自己的小团体进行创造。因此，我们得出了以下结论：

1. 以前的媒体保护行业资产并制造内容;
2. 现在的媒体为公众提供平台。

雅虎便是这样一个例子,在定位自身是平台提供商还是内容制造商时,他们犹豫不定。而企业要想获得盈利增长,就必须对自身不断地进行清晰的定位。

平台之上的平台

在一个进入成本为零的媒体市场中,我们看到了众多平台的叠加衍生。

虽然人们可以从平台之中获益良多,但搭建基础平台并非易事。这也正是苹果和谷歌公司跻身全球市值前 5 的秘诀所在。创造基础平台不易,而一旦运行起来,将带来持续走高的利润。然而,这并不代表我们不能在现有平台之上搭建新的平台。我们都知道,所有的科技都存在叠加现象,因此,当一个平台得以建立并平稳运行时,我们便能在它之上搭建另一个平台。我们已经对"智能手机应用经过扩张成为合法的独立企业"这一现象不足为奇了,Instagram、WhatsApp 或其他搭载在 Wordpress 之上的大型博客应用便是典型的例子。如果和某个观众群体之间的连接足够强大,并积蓄到一定水平,那么该连接最后将转化为一个生态系统。

如何在细分市场中生存

即使我们并不拥有平台,但操作也非常清晰:我们必须提供专门内容,或者对大量的信息流进行分类传播。

平台的成功经验源自媒体行业的发展，人们的兴趣点并不一致。例如，我们前往杂货店时，并不一定购买全部商品而仅仅购买特定商品。而参与媒体之时，我们也不对一般内容，而是对特定内容感兴趣，并且这种兴趣所在毫无范围限制。

我们可选的内容如汗牛充栋，因此，我们既需要内容创造者，也需要内容分类者。这是很多知名品牌必须注意的地方。虽然很多知名品牌正谋划通过长期且完善的措施建立自己的平台与渠道——比如红牛媒体——但其他企业却缺乏远见、耐心和进行资源投入的意愿。而另一个切入点便是成为某个范畴中的分类者，或者细分市场的专家。虽然此事看起来并不重要，但却能推动品牌建设及提高收益。

人们的兴趣不尽相同

20 世纪 80 年代，我还只是一名青少年，我成长的世界拥有以下媒体可供选择：

1. 少数几个无线电台（仅有一个面向青少年）；

2. 三个电视频道；

3. 两份日报。

农村地区则根本没有这些资源。这是世界上最发达及富有的国家中一个拥有 300 万人口的城市——墨尔本才有的媒体选择。

作为一个小男孩，我也仅是在一周中少数几个时间段才能收听到自己喜爱的节目：周六早晨的视频音乐节目，以及周六下午的《体育大世界》（*The Wide World of Sports*），这两个节目却时常不会播放我想看的内容，我的收获则如下所示。

- Video Hits 是我周六早上固定要收看的音乐视频节目。我喜欢非正统音乐，而如果在三个小时的节目中，我所喜爱的乐队的两首歌曲被完整播放，那我就感到幸运至极。这样的事情每周仅有一次，每次仅占三小时节目的八分钟。
- 《体育大世界》节目让我在少年时代对冲浪达到了痴迷的地步。这档节目周六下午一点到四点播出，一次四个小时，节目会报道已知的所有体育项目，而他们也基本上能够完成。问题是，我并不喜欢"体育"，我只喜欢冲浪。所以，我在电视前守候四个小时仅仅为了观看5分钟的冲浪报道。我甚至没法将整场节目录制在家用录音带上，因为录音带时长仅为三个小时，而我可能错过了报道。他们占据了我整个下午的时间，而我因此没法完成周六的计划。由于某些原因，冲浪报道永远是放在最后的。

　　而在今天，我能够随时点播我想观看的任何冲浪视频，而且它们还是高清的。如今，我将冲浪视频的选择分化成很多部分。在《体育大世界》节目报道中，任何冲浪视频对我而言都足够好。但我现在变得非常挑剔，只看我所喜爱的专业冲浪者在那些特定赛事中使用特定冲浪板在特定海滩冲浪的视频，这些选手伴我度过了美好的童年时光。最不可思议的事情是，所有这些视频都永远在线，等着我去观看。

　　当然，请读者们不要以为上述故事仅和冲浪有关，这是我的私人经历。你们在媒体行业碎片化之前，也一定有过类似经历，不管你的兴趣是什么，编织、书法、德国乡村乐、木料车削或者是马拉松，这些都不重要，现在我们都能够随时搜索到非常细致的相关内容。

渠道主义

大多数媒体和知名品牌并未意识到，人们的注意力非常有限。这主要反映在两个方面：内容的深度和广度。即便在某个特定领域中也充斥着海量信息，但其中绝大多数的信息会被我们忽略掉。如果要关注所有的这些，我们或许只能放弃正常的生活了。现在人们也意识到了，要想在特定领域内通古博今并不明智。"抓瞎"将成为一种趋势，人们纷纷与网络断开或亮出"请勿打扰"的标牌，这只是一种应对机制。"我好久都没看见玛丽在线了。""是的，她最近几天失联了，被诊断有 HCOS 病症，就是信息过载综合征（Human Content Overload Syndrome）。"

大范围的内容经营管理是企业所面临的新课题。我们有那么多可以遵循的内容产出渠道。渠道主义将成为一门观众管理艺术，以确保手中能保持对渠道的订阅与关注，同时默许彼此间的紧密联系。虽然每个人的渠道不尽相同，但如今生活错综复杂，我们只能够维持一定数量的渠道——这和我们的社交关系数量和邓巴数字很像。我们只能够关注一定数量的博客，访问几个特定的新闻网站，订阅少数几个 YouTube 频道，也仅能掌握几个行业的知识。商业必须成为人们关注的一个渠道，或者在人们的关注点中占据较大权重。我们能够从生活中看到很多印证仅能维持和少数几个渠道关系的例子：从智能手机上引起我们关注的少数几个应用，到我们偏好的社交媒体网络，再到我们喜爱的视频频道。新渠道的建立将不可避免导致旧渠道的停用。

关注的定价

我们可以购买关注。这是一种商业选择，但随着观众群的分化，购买价格也将水涨船高而效率却有可能在降低。这是一个单纯的供求关系的经济学问题。随着时间的流逝，大规模观众聚集的概率非常之低，于是低供给将导致高价格。有趣的是，这个经济学的第一个定律却被我们遗忘得最彻底。我们可以转而选择赢得观众，那问题是，我们如何成为人们关注的一个渠道。

分流受众

获得关注度可以通过两种方式：产生值得新闻报道的内容，或者创造其他有价值的信息。值得新闻报道的内容并不容易获取，其中涉及一系列有关如何持续引发关注的策略问题。人们很容易忘记新闻报道，而轰动一时之事也会很快烟消云散，人们会依然继续着自己的生活。创造有价值的内容并非建立一个巨大的观众群，而是被那些真正关心你提供何种内容的群体所信任。现在人们更关心自己所支持的品牌，因此，随着时间流逝，人们心仪的产品也越发往小众方向发展。

鉴于此，营销人员使用媒体进行沟通时，面临的第一个挑战便是去除建立大规模受众群的心理。虽然 YouTube 为营销人员提供了激动人心的工具，但它也歪曲了营销人员会收到何种成效的心态。是的，在这样一个平台上，视频获得百万观看量并不算困难，我们需要的是在特定时间与屏幕那头的特定人群进行特定的连接。

这可不是超级碗杯

位于墨尔本的一家地产中介向我咨询如何在其 YouTube 频道上获取更多的观看者。他们创建了一个频道，为每间待售的房屋拍摄精美的视频上传网络，但每个视频仅有 70 个浏览量，对其而言，这样的数量过于小，也不符合逻辑。那么他们错在哪儿了呢？他们并没有错，相反还非常正确，他们需要的也仅是一个买家。每个待售房屋都有 70 个有浓厚兴趣的买家想要对其进行调查，他们达到了自己定位的客户，而最终结果是他们的房屋成交了。事实上，他们已经成功完成了自媒体营销，只是自己不知道而已。他们被比较心理和他人大量的浏览量蒙蔽了双眼，以至于忘记了自己的目标。

填充渠道的空洞

渠道的空洞正在不断地被填充。在我们的专业领域内，我们应当成为一个被选择的渠道。如今我们在商业领域中最有价值的便是订阅者，不用在乎其形式如何，是电子邮件、频道注册，还是社交媒体关注，只要我们的终端用户和客户是同一个群体，而非第三方。直接连接是在连接的年代中最有用的事。随着电子商务的不断简化，渠道成为智能手机或可穿戴设备中的一部分，最终这种连接会带来商机。如果我们没有这样的直接连接，那么每次的连接都将消耗品牌的成本，而成本越高，所获得的目标群就越少。

获得关注最简单的方法

为了获得关注，我们需要在产品上投入更多，从而制造出令人惊叹不已的产品，而接下来的工作则交由集体评判。如果产品足够好，那么观众自然会为我们代言。传统上，我们对销售产品的投入不足，只有这样，我们才能负担得起分销和媒体成本，但这一模式已然被摒弃了。如果产品足够耀眼，那么还需要广告吗？我们可以看一下埃隆·马斯克（Elon Musk）及其特斯拉汽车的例子。

特斯拉是一家位于硅谷的汽车创业企业，他们生产全电动汽车。特斯拉没有广告，没有代理商，也不设首席营销官的岗位，而且这家公司也没打算进行任何电视广告投放。2012年和2013年，该公司生产的所有汽车全部被预定完（与此同事，尼桑公司为销售 Leaf 电动汽车，在媒体推广上花费了 2 500 万美元）。特斯拉广为流行，受到全球各类媒体渠道的追捧，这主要得益于自身出色的外观、极佳的性能、安全及未来理念，它无疑颠覆了整个汽车行业，从而引起了足够多的关注度。

在这个相互连接的媒体行业中，不依托广告的出色产品均能击败那些品质平庸、广告却很华丽的产品。事实上，如果在一个静态的媒体环境中，特斯拉可能不会成功。先不谈论车子的品质如何，他们如果不在媒体推广上投入大笔资金，根本就没有销量可言。但是如果他们把投资从产品转移至广告之上，特斯拉也就失去了其独特性，而在竞争的环境中日渐平庸。

互联网时代的内容策展

考虑到创建内容的成本极低，并可随地取材，媒体内容迅速增长并扩散开来，从而反过来刺激了对于更多内容渠道的需求。

策展曾经是大众电视节目导演的工作之一，但现在，策展正在兴起，并成为一项强大的武器。策展者不需要拥有自己的平台，也不需要创造出新的内容，只需要将已有的内容进行总结归类。他们欲在废物中淘得黄金。鉴于我们无法保持对任何一个特定话题的更新，因此，策展者的工作就变得非常重要了。如果论及凭空创造价值的事例，以下就有一个很好的例子。

雷·威廉·约翰逊（Ray William Johnson）在 YouTube上发布的"等于 3"（或"=3"）系列视频拥有最高的订阅量，有超过 100 万人订阅了该视频，而目前有 30 亿人观看过该视频，这一节目是约翰逊对本周最火视频进行的点评。这个节目对观看者而言很有价值，因为只要他们订阅了雷的视频，就不会错过任何一个引发热议的视频。

对那些资源有限的人来说，筛选好东西与观众共享可称得上是媒体行业的一招妙棋。我们不必创造有趣的东西，我们只需要知道哪些东西有趣，然后分享便可。这和现代杂志编辑的工作差不多。

人人都是自媒体

今天，每个人都是自媒体。尽管不是所有人都知道这一点，但对于连入互联网中的所有人来说，这却是一个事实。如果连入互联网中，我们每个人便成为了一种合法的媒体形式，简单而明了。如果能够同时向超过一个受众发送内容，我们便成为了自媒体，即使仅是微观层面的媒体。但是，这并不代表我们必须运用新闻的工具，人们不必制造传统媒体产品（书面文字、视频内容或音频内容）便能成为媒体。如果你通过互联网应用，向一群人发送了文字信息，这一过程便是自媒体的传播。你向一群获得他们允许的受众发送了内容，并借此引起他们的注意，那你便拥有了关注，这便是最为重要的资产，特别是生活在一个频道迅猛扩张的年代，关注度成为了某种稀缺资源。我们拥有的这种连接也是许多大型企业趋之若鹜的，我们生活在一个人人都可成为自媒体的年代：单人集团（Nonglomerate）。

人人都是节点

垂直整合的超大型企业正在不断地被高度分散，而被众多小节点组成的平面网络所取代。我们每个人便是这张网中的节点。在新媒体时代，根据定义，一家企业首先必须是个节点，是浩瀚互联网中的一个利益点。自我选择的节点能够选择创造内容、吸引关注，并由此产生流量。流量是一种养分，能帮助单个节点茁壮成长，它是一种智能养分。借助流量，节点发展壮大，流量能够增加连接数量和节点面积，由此，节点转变成为了拥有价值的中转站，其意义便不再是一个节点，而是宏观层面的利益点。它能够成为我们参与组成并借助他人平台进行创造的互联网风景的一部分。

在任何次级频道成立前，任何新成员加盟前，以及募集到任何风险资本之前，企业都只是一个节点，它由单人控制（或由几名企业家协作），并决定发布内容或创造互联网中转站。所有的新媒体宠儿均是如此白手起家的，例如，谷歌、雅虎、Facebook、Twitter以及所有智能手机上的应用，均始于某个人决定将自己的内容或创造放到网络上公布。他们起步阶段都没有流量，也未得到权威许可。他们只是简单地说："这是我的地址，这是我要分享的。"关注他们的受众为其带来了财务支持。与电视大工业中心时代的传媒公司创造方式相比，这是一种彻底的颠覆。新媒体公司并未在广播权和基础设施建设上投入巨额资金。今天，成立一家媒体公司的唯一要求便是智力投入。它是中立的网络和经典的仿生学，详见 14 章。

个人出版的发展未来

　　大多数公众发表的内容都很粗糙，很明显能看出，这些内容都是公众即兴而作的。而部分博客写手则借助基本免费的可用软件，投入了较多的时间和精力在其博客写作上，因此，其作品就显得非常与众不同。大部分传统媒体制作内容的质量较高，它们是经过最终修改的版本。而我们多数人更喜欢不规则的原生态工艺品，但很多情况下，资源有着其重要的价值。

　　在展望个人出版的发展未来之前，我们需要理解其目前的发展状态。很快我们就会发现这个世界上没有任何一家媒体企业能够拥有像朋友圈这样亲密无间的传媒资源：我们已经能使用智能手机拍摄高级和超慢速动作，而在拍摄当时就可以将其公布于众；我们已经能够使用好莱坞工作室用于剪辑电影的软件；我们还能使用上至外太空、下达 30 000 里格 ① 深海处均能使用的高清相机—— GoPro，而这一设备仅需 300 美元即可购得。我们所处的发展阶段是，如何设计更多新

---

① 里格，长度单位，30 000 里格约为 5 000 米。——译者注

颖的工具，用来制造有趣和别出心裁的内容。当人人都拥有高品质的生产资产时，将其牢牢控于手中不再是媒体的战略。自助出版和出版间的差别也将日渐消失。

付费电视必然消亡

那些不再奏效的商业模式却仍被运用于现实生活中。某个商业模式即使还未消亡，也早已病入膏肓。付费电视就是这样一种商业模式。我们生活的时代经历了电视行业的深刻变革。20世纪70年代末起源于美国的有线电视商业模式已经不再奏效。虽然这种模式仍旧存在，但已经为时不多了。在互联网的世界中，内容并不存在边界，因此，认为付费电视提供商应该要求人们向特定内容付费的想法非常愚蠢。世界正在迅速经历着由付费订阅向游戏订阅的转变，这种商业模式是免费且即时的。较高的家庭普及率不再作为重要的衡量标准，很多家庭在过去还购买过百科全书呢！而真正的竞争并不在于受众可以选择其他电视频道，而在于他们花费在电视屏幕前的时间。每一个屏幕包括客厅中的电视屏幕，现在均能实现与网络连接。虽然在大多数发达经济体中，网络电视的覆盖率仅为30%，但是由于科技的价格在不断下降，网络电视相对而言实用性较高，因此，我们终会看到网络电视取代传统电视的一天，这样的趋势和20世纪90年代的互联网浪潮一样势不可挡。在2020年之前，传统电视将不复存在。以上预想还排除了行业巨头对电视技术进行革命性创新的可能，而他们的目光已经转移到了客厅的争夺战。

点播订阅

网络推动的最大创新便是人们可以点播娱乐节目。按既定时段计划播放节目的旧模式将逐步被淘汰，人们已经逃离了工业时代的盒式生活，也不再过着朝九晚五的生活。世界的运转模式已经实现了根本性的转变。我们希望即时得到内容并且只为使用过的物品付费。传统媒体模式的问题在于，人们为自己不曾使用过的内容也付费了。而在一个完全透明且有多种渠道可以选择的市场之中，我们必然会选择按我们希望得到的内容收费的玩家。

付费电视能够存活的唯一理由便是以固定价格提供数据库中的每件商品——我指的是每一个演出、电影及体育节目频道。若非如此，人们可以选择更加经济的点播购买。许多付费电视服务商都借由现场活动和体育赛事的直播进行此类尝试。但随着联网电视普及率的提高，赛事组织机构便会意识到使用网络电视运营自己的频道收益更高，而自己也可以从忠实粉丝那儿获得所有的广告收入。简而言之，特定赛事的粉丝并不会在意赛事如何转播或在哪个频道转播。在一个连接且碎片化的媒体世界中，所有体育赛事组织者将建立并控制自己的媒体频道。正如冲浪一样，人们只会为关心的赛事付费。对于终端用户而言，成本更低，而对于品牌拥有者而言，其利润则可以借此提高。在未来，媒体行业中的中介数量将减少，而人们将使用开放式平台建立更多与观众的直接联系。

打包交易产品的终结

消费者必须购买打包交易产品的理念早已过时。"打包交易"概念是以供给为中心的一项准则,它源自工厂还在操纵市场的时期,与旅行中介的工作有着很大的相似度。但我们现在生活在消费者主导的、行业界限模糊的、商客共造的商业社会。只为自己选择的频道付费(总量折扣)不是为消费者的一项设计,而是内容所有者所必须面临的选择。人们并不泛泛地欣赏体育,他们喜欢的是更为具体的足球、拳击或者马术。每个人都有自己特定的需求,而非宽泛的喜好。BBC 的观众群和福克斯新闻的观众群不同,那么为何要同等对待他们,并将其困守于"新闻"当中呢?打包交易产品早已无法为继,但是供应商却仍未认识到这一点。

可用性的差距

并非联网电视的家庭普及率或该项技术的实际性能阻碍了其自身的不断扩张,而是技术的可用性差距。很难想象通过一台联网的电视能够获取各种好处。用电视加载运行全球资讯信息的简易流程迄今尚未出现。线索存在于遥控器的设计之中,我们都知道只要遥控器能够与智能手机搭载,问题便能迎刃而解,但是电视机厂商却没有勇气这么做。在电视与网络间建立连接仍需要完成架设机顶盒、下载软件及连接网线等一系列复杂过程。而即插即用的直观连接界面并未实现。但如果我们能够将 iPhone 移入电视领域,那我们便能期待"智能电视"带给我们更多彻底的改变。或许能够期待一个全新生态体系的建立服务于每个具体的细分市场。唯一能够阻止电视行业全盘分化的便是使用的简洁性。

家庭表演

一旦可用性差距得以弥补，当前的内容接受方式便将完全消失。我们将进入个人表演的时代，那些拥有新技术的人作为网络节点，将客厅作为表演内容的传送地。他们将个人表演与朋友分享，而我们的客厅也将因此发生巨大变化，这会是一个引爆点。任何与电视相关的产业只要还对旧体系念念不忘，而非关注消费者意愿的话，就终将被很快淘汰。

人口分析的终结

企业销售的对象是个体，而非整体，这是一直以来所秉承的规律。然而大众化时代却使得企业忘却了此事。未来的市场营销（相对于那些仍需要购买关注度的企业而言）需要在营销策略中重返对个体的关注，这些个体会在某些程度上表现出对企业营销策略的兴趣与认可。这样一种回归并非购买媒体服务，以向大众提供服务，而是购买个体的关注，他们才是企业的销售对象。联网电视的诸多功能将极大改变我们在起居室的生活。一旦以下事项在人们家中成为现实，我们将会看到以下更多种类媒体的出现。

- 电视联入的网络网速比今天的快 1 000 倍；
- 电视知道其观众是谁（所有的个体）；
- 电视和家中每个联网的设备连接；
- 电视和所有智能手机实现连接（或其他我们正在使用的可穿戴计算设备）；
- 电视掌握了我们的行为、我们的关注点、我们的日志以及我们的网购物品。

接下来会发生什么呢？

那就是我们进行 P2P 的经营，即个人层面的经营。精明的营销者已经抢滩市场并为联网的观众排忧解难，直接进行电子商务交易。他们并不通过购买 30 秒的广告向所有观众进行营销，并期待达到"目标"客户群，让其购买自己所提供的商品。媒体产业和电视大工业生产方式并不能帮助生产商与潜在客户联系，而新兴的大数据产业生产则可以做到这一点。对每个人也是如此，我们可以向特定观众群体提供相关的内容，或者关注地球另一端博客写手的关于有机蔬菜种植的文章。

屏幕与洞穴中的壁画

以上关于屏幕的讨论，会使我们怀疑人类是否最后会生活在如电影《少数派报告》(*Minority Report*) 所描述的场景里，市场的每个表面都是屏幕。虽然这是科技可以实现的，但要知道屏幕和碑刻及纸张所肩负的任务一样，他们不仅是为了展示事物。屏幕无处不在的语境下，它们是当前我们能够选择的最为便捷的视听交互界面。如果平板壁挂式显示器和其他的投影装置也能以加速回报的方式发展，那么屏幕作为一种界面，将和洞穴中的壁画一样持久。

剽窃行为给予的忠告

自然法则告诉我们许多关于剽窃的行为以及因此所造成的损失。我们如果没法快速交付产品，那么产品就会变质。

存储起来的水难以蒸发，这是隔阂构成了的剽窃行为。越是消极地使用某项资源，我们便会损失越多。由此可以看到，那些不在全球范围发布产品的经销方式遭遇了诸多挫折，这反过来促使经销商摇身转变为制造商。奈飞公司（Netflix）和亚马逊开始涉足供应商的角色。这种经营角色的转变源于他们无法获得自己想要的内容。而最终的结果导致所有互联网产品的进一步细分。在一个存在无限供应的世界中，如果企业无法从供货商处获取资源，那么便可以自行生产或将其外包。对媒体内容生产者而言，应当接受这样一种全球化市场的变化趋势，采取与之相对应的即时性策略。逐步渗透的方式在一个充满隔阂的世界中确实行之有效。而我们目前的世界，则完全不存在任何障碍。

对于任何希望他人停止剽窃自己内容的个体而言，均需要表明自己正在进行商业经营。历史的方法再也无法奏效。除了创造人们真正喜闻乐见的内容之外，企业还需要确保商品购买的便捷性。他们需要在各个平台上销售产品。生活在分销体系之外的人们将用窃取方式占据无法购买之物。因此，所有内容均需要能够在任何移动互联设备上运行，这对技术无疑提出了挑战，但并非完全难以执行，也的确值得投资。我们需要具备全球化的视野，我们生活在一个扁平化的市场之中，有权知道在何时何地可以获取到怎样的内容。

生产商们忘却的内容

在移动互联网时代之前，大多数媒体似乎已经忘记了自己按特定方式行事的原因。他们根据自己的能力所及来制定决策。而其产品销售的主要限制因素在于物理条件。移动互联网时代之前，媒体系统的安稳舒适反而扭曲了他们的心态，以至于忘记了"为何如此行事"。从历史记录上不难看出，电影行业的墨守成规是如何导致了该行业的衰败的。事实上，电影行业也一直希望能够迎来自己的互联网时代。盗版行为并不构成最大的威胁，问题在于电影行业的糟糕记忆力。

便捷购买行为

在互联网时代，对于商家最好的建议便是尽可能在更多的地方销售货物，大众市场产品也都遵循这一规律。我们不妨对互联网时代之前的电影产业进行一下回顾，便会发现只要商店愿意进货，电影 DVD 便可以在当地出售。只要 DVD 碟片在当地进行售卖，电影行业便会对此深感满意。销售代表的业绩主要根据其销售点的销售数量进行评价，但不知缘何，他们似乎也忘却了这一事实。然而，他们现在却毫无缘由地不再关注潜在的销售点。

为何不在影院和家庭同步发行影片呢？是的，同步发行。电影院这一概念与电影无关，而更多关乎人们的出门行为。如果可以在家庭电视中观看最新的大片，我宁愿为之多付一些钱，因为和小孩子们一起出去太麻烦了。iTune 为音乐和电影行业带来的颠覆性改变是我们常常会引用的案例。在电影格式改变之前，他们完全是在和传统厂商分庭抗礼。那么为何电影行业不抓住这个机遇，而将"便捷购买行为"视为短视战略呢？

实现电影的多设备平台播放

在互联网时代以前，电影行业要想提供多种格式的内容是比较困难的。他们必须为之加大公司的设备投入，使之支持 Betamax 录像带，而后是家用录影带、DVD 和蓝光格式，他们也较为迅速地提供了这些版本。然而为何这些企业现在要改变原有的做法了呢？为何他们对市场需要的反应变得迟钝了呢？尤其让人感觉奇怪的是他们生产出的内容不再尽力去支持所有的播放设备。更糟糕的是，当将内容上传至某个内容平台后，其生产者便会对你使用何种设备进行读取访问作出严格的限制。

全球同日首发

电影制片人应该实行电影的全球同步发行。互联网时代以前错开日期全球发行的计划应当被完全摒弃。每一个市场（国家）的进入都伴随着额外成本的付出。电影行业过去内部的惯例是制作更多的存货（占据更多影院、制作 VCR 和 DVD）用于销售，而他们必须为影片在电视和广播中的推广付费（如今只要某部新片一发布，我们便立刻知道），也必须为不同市场进行影片格式的调整。一部电影跨越海洋的运输时间通常需要四周时间。发行人还必须确保其拓展的市场能够使影片成为热点。他们也有很多理由来延迟全球发行计划，主要是跟存货、推广、生产和财务风险降低相关，但所有这些因素在今天都不复存在了。

合理的定价

当人们无法进行公平的交易，他们便会采取替代方案，甚至采取不正当的手段来获取。在盗版猖獗的情况下，供应商陷入了"要么绝地反击、要么接受现实"的两难选择。人们知道如今的内容分销成本与之前的成本相比，仅为九牛一毛。这大致能够归因于目前所存在的大量互联网渠道。只要站在公平交易的立场上，人们是愿意为之支付合理的价格的。iTune 商店和其他互联网平台都已经证明了这一点。而在"平价"这一概念上，我希望加入无障碍购买的含义：消费者可以通过简便方式付费。在零成本数字复制的时代，公平定价的含义意味着排除掉已经完全消失的实体生产成本。

一旦商家接受任何物品（网络和实体）均能被复制这一事实，他们便能继续经营并将其视为生活的现实和经营的成本，但他们不应停止执行在碎片化时代的既定战略。

我们可以期待的是什么

在未来，我们将拥有一个包罗万象、向所有人开放的频道，并且能支持所有格式，随时点播，价格还很低廉。事实上，这样的频道已经形成，只是媒体从业者尚未意识到罢了。一旦我们改良了连接性和适用性，传统媒体行业将不再会以我们知悉的传统格式存在。除了那些观众一起前往观看的现场事件，例如，超级碗决赛、奥运会、总统就职典礼、世界杯和其他重要的政治性事件外，目前已经在不断缩减的大众观众群将逐渐消失。

赢者和输家

观众群体会不断根据细分市场和需求内容被划分，追求大众效应的公司所面临的困难会不断增加，尤其是那些需要购买关注的企业。观众群体的缩减使得每千人关注的购买成本提高。那些不流行或者无趣的产品将更加需要受众群的支持，而其获取关注的成本也在锐增。因此，对于这些企业而言，唯一的应对之策便是生产有趣的内容并和观众建立直接联系。

　　如果相比现有媒体信息提供者，人们能够协作生产出更优质的产品，那我将渴望知晓这种合作领域将可以延伸至哪些地方，也许任何事情都有可能，甚至包括金融行业。

CONCLUSION

碎片化时代趋势	媒体频道正在分化成一个超级细分的市场。人人皆可成自媒体。
碎片化时代商业影响力	大规模的受众群体将越发稀少，获取其关注的成本则不断提高。

The Great Fragmentation and Why the Future of Business is small

第12章

大而不倒：互联网金融的兴起

金融业的纳普斯特时刻

他们失掉了最重要的资产

银行实际上在做什么

数据驱动的虚拟银行

传统银行的沦陷

数字货币和密码货币

众筹

重新定义投资决策授权

不要指望银行业改革的疾风骤雨

金融功能并不会被边缘化

　　尽管每个人都知道某些行业改革的时机已经成熟，但是一些行业由于体量很大，实力雄厚而且无处不在，似乎他们无须改变便可安全地乘风破浪，驶向科技时代。这让我们很自然地联想到了银行及其所属的金融行业，它们与我们的商业和生活息息相关，金融行业对我们来说是不可或缺的，我们也认为他们实力雄厚而不会被瓦解。但我们不妨回想一下传媒行业，原先全球新闻的承载体、遍及各地的信息发布者、权威的资讯把控方，或许你就会有些许不同的认识了。

金融业的纳普斯特时刻

　　银行业已经面临着纳普斯特时刻（意指新平台的崛起对原有平台所产生的冲击）。尽管发生的机制不同，但银行业的巨大体量和贪欲使其自信不会出现任何问题。显然，他们完全错了。2008 年的全球金融危机使得很多银行风雨飘摇，金融危机说明了他们并不是最聪明的一群人。金融业的一系列行径使其信托和资产管理受托人的良好声誉消失殆尽。他们特别擅长通过破坏公众利益来赚取私利。如果政府部门有魄力，那么银行业便可能陷落，而更为适宜的金融替代品将会出现。但全球金融危机退潮后，银行业开始重整旗鼓。

他们失掉了最重要的资产

如果我们随便询问一个路人，让他们谈谈对银行处置我们存款的看法时，我们几乎听不到对银行最重要的两个要求：信任和尊重。而科技的发展使得 P2P 金融方兴未艾，我们也能预期到金融业的大瓦解即将到来。任何行业均将面临革命，银行也不例外，但为了了解银行业是如何被碎片化以及其成因，我们首先要分析一下银行最基本的业务。

银行实际上在做什么

银行的实际功能及经营目的其实并没那么复杂，无非就是收取一方存款并将存款贷给那些需要的群体的中介机构。银行将那些存在资金缺口和资金富余的客户连接起来，通过向借方收取的利息高于支付给存款方的利息而盈利。银行一直在进行着这种资金存贷的业务，或者，我能想到的最为平民化的表述是，银行就是一张谁欠了谁多少款项，并确保到期足额返还的记分卡。

如果突然间我们自己可以记数了，我们能够通过不同以往的创新途径或互联网信托银行计算某项交易风险值，那么情况又会怎么样呢？如果货币不再是一个实体物，而是记载在无处不在的计算设备中的一堆数字，如果我们可以在传统银行体系之外办理部分银行业务，如果我们可以通过直接交易赚取更多收入，如果我们能够以低于传统渠道成本的方式获得资金，从而降低资金占用成本，那么又会是一种怎么样的局面呢？

互联网时代的到来让这一切成为现实，并且我们正在经历这样的一场改革，而更多的变革也即将到来。

数据驱动的虚拟银行

正如很多行业的变革一样，银行曾经制造出来的"实体"商品将不断减少，并最终消失。银行的安保部门不再需要保护金库安全，因为金库将以虚拟形式存在，而银行的商业模式也将进行互联网转型。简而言之，银行将成为数据和信任的产业。由于数据已经可为大众使用，因而，我们可以假定银行业将出现新的行业参与者。银行业的工具成本也会降低，而传统的银行经营中将会出现更多的 P2P 金融业务。

被逐步渗透的行业

和很多行业的变革类似，银行业的改革不仅仅体现在新的参与者将行业内传统机构的业务取代，而且也正在发生着与零售、媒体及其他行业一样的改革：持续地经受着碎片化。行业新军将完成各个细分领域的业务——他们也许从未从事过金融和银行业务，但他们却对超越那些贪婪且安于现状的行业大鳄们抱有着强烈的信心。新的市场参与者，特别是那些在广受尊重的知名企业或成功创业公司内有过从业经历的人员将获得更多的信任,比如 Twitter 的创始人杰克·多西（Jack

Dorsey）。

新的市场竞争者不太可能是传统的银行，行业新军将继续经营传统的银行业务，并使之更加优化。他们会使用分布式的计算机系统，与社会生活紧密相连，基于云计算服务，并采取以用户为中心的商业模式。只是这一次竞争者不是在通信、生产和零售领域，而是开始涉足金融体系。货币永远是最后一个经受碎片化的，因为我们首先需要通过其他行业建立起对科技体系的信任。与货币相关的科技是对风险防范值要求最高的领域。

传统银行的沦陷

庞大的数据产业促成了渗透金融行业的可能性。银行业最基础的工具——追踪、储存及转移资金的能力——如今则交到大众手中。我们的桌面、移动科技以及分布式的商业互联互通体系——即互联网，为我们提供了从事银行业务所必须的工具。科技革命使得创业文化风靡一时，而在这种氛围的熏陶下，企业家拥有了进军银行业的动力，而这场变革正在发生。

如今，我们已经看到了银行业的新参与者渗透进了银行业的一些核心领域。和许多传统行业一样，银行业内的诸多创新举措并非源自行业本身，而是来自那些新兴企业，他们借助科技发现创造出更优化的交易方式。互联网支付体系就是对此最佳的佐证之一，PayPal便是行业的开创者。近来众筹方式也成为一种为小企业筹资的全新方式。筹资长期以来一直是传统银行主导的领域，而现在正被不同的科技初创企业所瓜分。Square及其他小微支付企业的兴起，使得人们都能成为商人并接受信用卡支付。而这一切并不是因为此类企业攻破了多大的技术难题，而是因为他们在利用现有技术的过程中能够发现商机，让小微企业的收款方式更为便捷。传统银行本应该也能够从事此类业务，以加强自己的行业地位，然而他们却无所作为，忽视了这些通过廉价科技及无处不在的互联网连接即可实现的商机，眼睁睁地看着别人建立起价值数十亿美元的企业。

> **和许多传统行业一样，银行业内的诸多创新举措并非源自行业本身，而是来自那些新兴企业，他们借助科技发现创造出更优化的交易方式。**

我们知道新兴企业仅仅是金融市场的一小部分，且不代表着银行业最核心的部分。然而，事实上，银行业正在被这些具有象征意义的参与者所占领。音乐和传媒业的变革也是从细微处开始的，并呈现逐步蔓延之势，这其中却酝酿着行业的权力交替。以史为鉴，我们知道这些微小的创新代表着金融行业也将重蹈覆辙。对于金融行业新的营运模式，我们一直都很谨小慎微。毕竟金融行业是商业世界中最需要信任的领域，而一旦信任得以建立，新的参与者便拥有了和传统从业者同等的扩展机遇。而事实上，在过去数年中，传统银行却因未能很好地为自己的客户提供服务或因忽视客户利益而丧失了信任，更别提他们在全球金融危机中的软弱无能了。

何为货币

在探讨数字货币和密码货币为何物前，我们需要记住一件事，那就是所有的货币都是杜撰的概念。

没有哪一种货币是真实的，自从人类发明了谷物收据以后人类所使用的任何货币均无使用价值，或任何内在的价值。且使是黄金，其商业用途也很有限。黄金作为一种炫耀性商品且供给有限，因此，更多代表着价值的尺度功能。一旦我们记住货币因能够跨越人们之间的信任障碍才得以使用，那我们就可以理解在正常经济体系之外所出现的新型货币了。只有当我们记住货币的唯一功能是拓展信任和被广泛接受，我们才能够领悟新型的电子货币为何能够在全球互联网经济中流行。

数字货币和密码货币

> ▶ 数字货币是一种虚拟货币或电子发行及贮藏的交换媒介。某些数字货币如比特币，则是密码货币。

纵观货币的历史，我们发现它总是处在不断的进化中。在人类经历了物物交换制之后，新的货币形式得以出现，而其他交换手段则被淘汰或取代。但通常情况下，人们在现实生活中更青睐同时使用不同形态或种类的货币。我们使用的货币形态包括谷物收据、鲨鱼牙、贝壳、贵金属、兑现券以及政府担保的纸币（通称为法定货币）。

在相当长的一段时期中，货币发行当局将流通货币的发行量与金本位挂钩，这只有在货币能够代表一种为市场熟知且拥有内在价值的商品时，人们才会更愿意相信它。这也就是为什么政府会根据自身的黄金持有量来发行一定数量的货币。但今天，金本位制度已经被淘汰。而关于黄金的一个有趣的事实是，从 2000 多年前起，一定量的黄金兑换成相应数额的货币时，购买力相当。它能够用于购买一件手工斗篷或体面的大衣。然而今天即便黄金兑换的比率仍通过钱币体现出来，我们也不能声称黄金是国家担保或法定的货币，因为世界上所有的法定货币均不再与黄金本位挂钩了，而需要一个新型的连接全球商业经济所需的全新货币形态与之匹配。而诸如比特币之类的密码货币，正在开启着人类交易方式的新篇章。

比特币

比特币是第一代全面推广并流通的密码货币。它的工作原理和其他新型密码货币类似。密码货币并不是由中央发行的货币系统。这种"货币"是通过使用 P2P 网络、电子签名及密码产生的货币。人们可以从互联网中挖掘比特币，联入网络的计算机运算 64 数位的代码便可一次性释放 50 个比特币。比特币通常在网络系统内部，通过使用特定的 P2P 软件进行交易，其概念类似于端对端的数据流下载软件。所有的交易记录都在一个公共的分布式数据库中，而不是中央存储器，人们只要联入系统便可获得交易记录数据。这样交易就能在分散的系统中稳定而可控地进行。比特币最大的特点在于每一个所有人的存储信息均采用匿名方式。

ABOUT   **比特币的主要优势**

◇ 流通数量存在上限（2 100 万），因此只要有过多的比特币进入经济，便会贬值。

◇ 中央控制机构并未通过经济体系影响比特币的稳定。

◇ 比特币通行全球，并不会受某国政府的控制（如黄金）。

◇ 因起源于互联网世界，故而对商业未来有着很强的适应性。

◇ 可以不受当前金融体系的影响及费用收取的干扰，能在全球通行。

随着经济的迅猛发展，银行及货币不断贬值，全球化趋势日益的增强及 P2P 贸易的快速增长，比特币正越来越显现出其对于未来经济的适应性。

数字或密码货币只是另一个技术叠层

我们在前面曾经提过，所有的技术均存在着叠加现象。货币也是一种技术，因此也存在同样的原则。伴随着科技的进步，货币也同样经历了多次的演进。而数字或密码货币将是货币未来最为合理的形式。货物交换领域的创新也必然发生。这一理念在当前或许我们还较为陌生，但事实上，使用密码货币是我们今天进行交易最为合适的方式。尽管我们无法预测最终全球主导货币是什么样的，但显而易见的是，它们一定是从数字货币中产生的。而和其他所有的技术叠层现象类似，旧有的货币形式——在此指法定货币，并不会顷刻间消失。技术叠加现象的全部理念在于，我们需要在旧有的技术层级上建立新的技术方法，而旧有的技术仅仅是变得不那么常见罢了。我们很可能还将需要对"国内市场货币"进行兑换，正如我们在历史中所看到的一样，多种形式的货币仍存在交换价值并被广泛使用。但密码货币在互联网金融市场中一定是一项永远存在的物品。

银行业的自食其果

是的，银行将不再拥有货币，然而比特币之类的密码货币之所以异军突起也是因为银行本身。银行投机取巧的收费行为与整个世界不断朝着降低交易费用（所有物品）的大方向背道而驰。正是银行那些榨取客户利益而对自己有利的系统使得新的系统得以出现。银行未能为当前的互联网交易提供简洁的系统，其结果是，银行将因此失去一项收益流，这对于整个银行业都是一笔巨大的损失，如果愿意，我们可以称之为一种系统入侵。

虚拟货币不稳定却永久

是的，比特币和密码货币的币值并不稳定，且存在风险，但在许多方面，其稳定性却不逊色于其他货币。比特币值波动较大，但大方向的确是服务于更多接受它们的使用者和交易者，而更为重要的是，从长期来看，比特币值将不断上升。我们当前所使用的货币也正在脱离中央监管机构的控制，与很多行业一样，正在逐步碎片化，不再为某个体所拥有或控制，而是由系统和系统之内的人所管理。

众筹

对于不了解的人而言，众筹是一种借助互联网平台的帮助为自己的项目筹资的方法。这种平台一般是以信用为基础的网络，资金的拥有者直接选择受资对象，而非通过某些金融机构深入调查之后作出决定。众筹是一种非常有趣的现象，与其他行业类似，它提供了一种更为透明的商业模式。众筹更多关乎集体合作和信任，而非投资收益或资本回报率。

通过分析众筹，我们发现其运行逻辑清晰，正规且在今天的环境下可行性很高。这种融资模式更为人性化，它不仅能够促进创造力及合作，还能够推动那些使世界变得更为美好、更加紧密连接的项目发展，并为初创企业提供发展空间，鼓励他们去想："是的，我们为什么不试试这个想法呢？"从逻辑角度分析，众筹就是银行的微缩版，而我们仅仅通过互联网工具和端对端连接这两项简单要素，便可以完成众筹。众筹将那些需要为项目筹集资金和寻找投资项目的人们连接起来。在短时间内，一种新型的融资经济出现了，任何可能的项目均能够筹集到资本，而我们可以在传统银行生态体系之外将其完成。

人人皆为银行

众筹在很大程度上实现了"人人皆为银行"这一理念。银行将我们的资金拆借出去，他们长久以来一直使用，也将继续使用我们的现金存款、政府税收及养老基金，它们使用的是我们的资金，只是我们的生活被工业化，让我们早已忘却了这一事实。

虽然很多国家对于众筹还存在很多过时的法律限制，但我们却也看到了这一方式在存在融资需求的领域内的广泛使用。它不仅仅存在于"投资换商品"的范围中（想想 Kickstarter, Indiegogo 和 Pozible 等众筹网站），还将是"投资控制企业"世界中的固定模式。我们来看看一些众筹的模式。

奖励型众筹

在这一模式下，出资支持项目的人群本质上是预定了即将出产的产品或服务。这种"即将出产"项目模式成为了众筹领域的热门话题。此种模式的众筹一般发生于高科技和高创造性领域。无人机、3D 打印及智能手表等的项目均会因为资金不足而流产，也就是说，在这些创意尚未成型之前，极有可能无法通过传统途径融到资金。那些受众真正需要的物品在众筹方式出现之前，可能并不会被生产出来。众筹体系本身就创造了很多新的可能性。虽然这些项目投资者并未得到财务回报，甚至因为他们提前支付了资金却得不到任何利息支付，故他们的回报为负数。然而，他们却获得了社会收益，他们真正参与了塑造这个世界，也塑造了那些新世界的物品。他们也因此成为了伟大历史时刻的一名参与者，他们间接地创造了许多东西，对新的创意进行了经济和情感的奉献。投资者们支持着创业者的梦想，而自己也就成为了伟大梦想的一部分。

虽然众筹看起来是一项鼓舞人心、高度社会化且以互联网为中心的融资方式，其意义却不仅仅限于此。众筹也正在进入传统资金流动的领域。严格地说，主流企业投资过程中的各类资金需求已经可以借助全新的互联网方式得到满足。

股权型众筹

在这种模式下，众筹通常用于筹措资本或借贷资金，其出现使得传统银行的碎片化程度更高。它主要包括以下几种形式：

1. 股权众筹：投资者获得了投资企业的股权；
2. 产权众筹：投资者获得了某些形式的财产产权；
3. 债务型众筹：投资者从其投资资金中获得利息收益，直至借款实体归还全部款项。

在现实中还存在很多其他形式的企业众筹模式，但它的存在无疑说明了在商业形态中，即使那些深受尊重的金融机构也必将经历变革。许多国家政府正在重新审视资本市场的法律制度，以便更好地适应互联网经济。美国的《促进创业企业融资法案》（Jumpstart Our Business Startups，JOBS）便是这样一个典型例子。新的市场参与者已经促成了数十亿美元的行业，然而，每当我在新闻的商业版块读到关于某位CEO对自身企业的市场表现的评价时，发现他们总是根据与自身竞争了数十年之久的银行来进行自身业绩评估。和传媒行业一样，他们也都带着行业的有色眼镜看待众筹。

重新定义投资决策授权

靠信用评分或独断专权的银行体系将不再决定资金的投资与否，投资决策将更多地根据个人品牌、投资理念及项目发起人在市场中的信誉而定。人们将更多地根据创造性水平及互联网记录的行为表现，而非周薪、负债状况和个人简历来制定投资决策。这种转变在某种程度上和我们当前评价潜在员工相似。谷歌公司对于我们的评价的重要性远远超过前雇主对我们的评价。谷歌公司在某种程度上已经成为了我们的自动简历制作器（因其分享了我们网络化行为记录与职业生涯内容）。我们所受到的评估与自己在市场的创造挂钩，而非在某家大型集团工作时期，由某位权力欲极强的雇主所作出的主观评价。

许多原本由银行创造的信用评价系统现在可以由点对点的互联网体系代为完成，并且这种方式与银行传统的信用评估体系截然不同。我们由此得知，金融是社会价值创造的一种方式，而非自身价值创造的途径。在这一碎片化过程中，我们的资金被分散到那些需要资金支持的更小更专业的细分市场活动中去。

发掘经济价值

随着银行规模的不断增大和更加关注资金量大且复杂的交易，他们无意之中也为更为敏捷且关注专业市场的互联网金融颠覆者们打开了修改行业规则的大门。这些行业颠覆者设计了一种连接模式，通过将那些手头资金富余并有兴趣投资于那些非同凡响、开放创新且存在一定创造型风险项目的人们，与急需资金的项目创造者联系起来，创造了新的价值。而银行却任由此类连接的发生。最终，金融体系中的小型业务板块正在一点一点被颠覆，那些体量庞大、步调迟缓且享誉盛名的传统参与者再次被新兴的以信任为基础的互联网所击败。

不要指望银行业改革的疾风骤雨

是的，银行业疾风骤雨般的改革是不太有可能发生的，但银行业从此也不再可能成为金融的关注点或人们趋之若鹜的地方。银行所从事的业务其实难度不大。我们能够以更低成本、更为高效且不受地理限制地去完成这些银行业务。银行曾经提供的安全保障已经不再真实，或者我们无需再害怕此类安全问题。那些安全存放金钱的大型银库也将消失殆尽，我们拥有更好的储存金钱及配置资产的方法。银行业自身已经显露出其借款决策能力并不比作为群体的我们更为高效，因此，我们决定开始自行分配资金便不足为奇了。

金融功能并不会被边缘化

在移动互联网的世界中，每个角落都充斥着不可预见的行业替代选择。尽管我们可以预测改变，但新的赢家及其获胜的方式却往往出乎意料。金融行业的小漏洞正在不断形成，而其营业收入的流失已经无法挽回。金融的前景并非垂直整合服务，更多的横向筹资结构将得以形成，它们充当着传统银行所扮演的角色，但其服务方式却截然不同，或许尚未出现的高新科技也将被运用于该行业之中。银行业的利润流将被行业外的竞争者所蚕食。新的参与者和互联网连接将持续贯穿于我们的金融体系当中。他们甚至会通过众筹方式支持初创企业以颠覆那些不愿意提供资金扶持的公司。它释放出了我们希望将自己的富余资本配置到更有创造性、也更有利于社会发展的社区之中的信号，而非仅是用于创造自身回报的信号。我们希望创造出比我们自身获取的更多的价值，此外，各行业需要重新定义自己的竞争对手，而这些新的竞争对手很大可能不再是历史意义上的行业巨头。

互联网不仅能够重构各个行业，而且随着人群的日益连接，它还将重新定义世界上的一切事物。

CONCLUSION

碎片化时代趋势	银行业中的各个模块正在分崩离析，并将实现端对端的互联网连接。
碎片化时代商业影响力	金融将更多地呈现出其社会性本质，它将分散于互联网经济中，并将更加符合互联网经济的流动性特征。

The Great Fragmentation
and Why the Future of Business is small

第13章

互联网的第三阶段：物联网时代的到来

互联网的三个阶段 物联网

神速的演变 一切都将实现互联吗

创造与窃取时间 由此及彼式的生活

不成熟的技术 环境共享

　　人们总是在回顾时更容易认清事情发展的来龙去脉。当我们特别重视正在发生的事情时，事情的前因后果就会变得更加明朗，不同阶段间的转换也能被清晰地呈现出来。由此，我们也可以清晰勾勒出科技革命发展所遵循的路径。通过审视我们已经走过的两个阶段，我们便会发现科技革命的第三阶段并不难预测，而谁将是新的细分市场的赢家也不难预测，而难以预测的是科技本身在新阶段的走向。

互联网的三个阶段

　　互联网的前两个阶段对商业和人文社会都产生了鲜明的影响力：第一阶段是基础设施的联动；第二阶段则是人与人的连接；而当下，我们正进入互联网的第三阶段，也是最为有趣的阶段——物联网时代。物联网时代意味着一个互联网无所不在却又几乎遁于无形的世界，我们将步入这样一个世界：任何人与任何物皆能通过科技以及我们与计算能力和互联网本身的连接而得以增强。或许你会想问为什么我们每个人都需要物联网，它又是如何与商业相关联的？在回答你的这些问题前，我们应该先了解一下科技是如何发展至今的——这一答案也将解释"为何物联网是一个自然演变的过程"这一问题。

第 1 阶段　机器的互联

互联网发展的第一阶段便是机器的互联。这要追溯至 20 世纪 60 年代，那时数据传输的实验刚刚兴起，实验者通过建造机器设备、编写代码实现之前不同形式的科技（多为大型计算机）之间的对话，旨在开发出一套互相连接的网络系统。当然实现机器间的对话是一项极为艰巨的任务，研究者需要制定出可以成功跨越系统和国界的协议。直到 20 世纪 80 年代，随着这套复杂的协议被制定完成，个人电脑也开始变成书桌上的必备物品。1995 年，互联网开始对商业用途开放，导致了后来的互联网泡沫，可见，直到 20 世纪 90 年代，大部分电脑才能连接到发达国家的网络上。

机器间的互联花费了 40 年才得以完成。在这 40 年中，机器也变得更为普及。与之相比，社会对网络第二阶段发展的接受速度则迅速了许多。

第 2 阶段　人与人的互联

人与人的互联——社会网络——对全球产业的冲击速度之快超乎所有人的想象，商业网络发展初期，其关注的焦点并非人，而是商业本身，即寻找方法让科技的运用简化商贸交易的步骤，从而节省时间和金钱。其目的在于实现高效率市场的设想，而非转移商业资产的影响。我们能从第一次互联网泡沫过后的成功故事中找到一些线索，包括亚马逊、eBay、Priceline 和高朋在内的线上服务提供商都是典型的例子。他们都充分利用了网络服务的低价、高效和直接的商务功能几大特性。创始之初，尽管无人具备所谓的"社区思维"，但社区还是成为他们的一个重要组成部分。

人性通过连接的力量而得到释放。过去我们习惯了像工业机器中的齿轮般运转，却忘记了人性中对与外部连接的渴望。

我们真的实现了连接吗

当意识到彼此的专长、思想、创造力一旦得以连接所创造出的巨大价值时，我们便会渴求更多——这一需求很快就会得到满足。如果把诸如邮件、论坛等早期的网络应用视为社交系统，那么直到 21 世纪初，可以真正实现连接社会大众的网络社会系统才姗姗来迟。随后，在仅仅 10 年之内，我们便实现了与网络的永久连接。想要了解现如今大众实现互联的方式，只需要回顾我们是如何寻找一位旧相识的——社会化媒体的论坛或者搜索引擎绝对是我们的第一选择。

扩展人与人的连接

人与互联网的连接改变了我们看待事物的方式。互联网连接与社区化的力量远不止体现在基础设施本身，还赋予了人们额外的能力。现在随着已经实现了人与互联网的永久性连接，我们就有了更进一步的需求。我们希望能接触体验更多更好的经过数字化处理的事物。由此，科技革命的发展开始迈向第三阶段：物联网时代。

第 3 阶段：物联网时代

在物联世界中，一切日用产品，不论贵贱，皆会与互联网相连接。物联网是一个将虚拟与实体世界相连接的交叉式网络。通过形式多样的技术设备、传感器或计算机的嵌入，使得实体物品可以实现相互依赖，并通过其他可用的计算设备（如智能手机）接入网络。我们可以通过降低互联网精密设备的尺寸与造价，让物联网的出现成为可能。在不久的将来，我们将生活在一个充满活力的世界中，物品之间能够进行自我识别与相互交流，还能追踪和记录外部环境中的各种变化和各项人类活动，我们生活的一大部分都将变成这个巨大的反馈链中的一环。

促使物联网成为现实的相关工具

促使物联网成为现实的工具包括微型芯片、照相机、全球定位系统（GPS）、蓝牙、无线网、感应器、探测器、无线射频标识以及其他无数的感应节点。社会对质高价廉的智能手机技术的不断需求，使得物联网能够借助我们口袋中随身携带的设备得以实现。作为便携技术的催化剂，智能手机在市场上大获成功也是物联网形成的决定因素之一。每一年，遵循工业领域一贯的"功能相同，质量更高，价格更低"的原则，市场都会要求智能手机具备更为快捷、优质、强大的功能以及更低廉的价格。事实上，智能手机是我们拥有的第一款真正互联且"具有活力"的工具。

神速的演变

技术创新法则不仅适用于工具本身，同样也适用于工具所造就的上层生态系统。每一个阶段都比前一阶段的演变更为迅速，生命周期更短。机器的建造与互联花费了近 40 年，而人与人的互联只花了 15 年多的时间，而第三阶段的物联网阶段只会更短。面对社会利润与巨大的个人收益，改变必然会迅速发生——这一速度并不稀奇，想想在科技革命之初，我们所看到的一切都比我们原本想象的快得多。纵观历史，科技及其对人类的影响力正在以异乎寻常的速度不断扩张着。一方面，我们耳濡目染，切身体会，另一方面，科技发展却又严格遵循着自己的轨迹永不停歇。构建一个有效的物联网所需的硬件如今尚未出现，科技被太多缺陷所束缚，而其中最严重的一项便是我们对其过高的诉求。

创造与窃取时间

尽管智能手机的便捷性让我们惊叹不已，并深深为之着迷，但我们仍要认识到它对人类生活所产生的诸多负面影响。智能手机几乎占据了我们生活中的每时每刻，让我们沦为它的奴隶。几乎在人类历史上的任何一个时期，人类都不曾像现在这样沉迷于某一设备而无法自拔。在过去十年中，人类与科技的交流方式发生了戏剧化的转变。即使是在互联网时代初期，我们也只是在有需要的时候才会打开电脑。而现在，智能手机随时随地地围绕在我们身边，干扰着我们的生活。我们平均每天会与智能手机互动多达 150 次。让我们回溯至 20 世纪的工业革命时期——美好的 20 世纪初——我们看到了一幅完全不同的画面，即工业时代所生产的设备可以创造时间。

ABOUT   **工业时代的设备是如何为我们节省出更多的时间**

- 洗衣机：再也不需手洗衣服，我们只用设置好后无需担心，机器运行后，便可离开去做其他事情。
- 冰箱：无需每天都到市场去购买新鲜农产品。
- 天然气与电加热器：无需捡木头或劈木柴，拧开开关即可。
- 电熨斗：无需在壁炉中生火加热熨斗。
- 烘干机：无需在晾衣绳上晾晒衣物。
- 洗碗机：节省了大量消耗在水槽旁的时间。

现在，让我们回过头来看看现如今我们所使用的设备：iPod，任天堂，智能手机，平板电脑，笔记本电脑，游戏机，录像机……诚然，有的设备很有用，但是在它们上面花费的时间比发明创造它的时间还多。起初它让你尝到便捷所带来的一些好处，而后便让你沉溺其中，让你浪费掉大量的时间。这些设备仿佛带你进入了一个探索的虫洞，它吞噬掉的远比创造出的多。互联网时代的设备偷走了我们的时间。

我不禁开始质疑这些设备——到底是我们拥有它们，还是它们占有了我们？当今科技所面临的一大挑战，便是如何正确理解并使用这些设备。我们创造设备的目的是为了消耗时间，还是为了节省时间？是为了产出，还是不断投入我们的所有？对我来说，时间是我最重要的资产，因而这个问题至关重要；而对于商业人士来说，这个问题则更为迫切。企业所创造的产品功能很大程度上决定了他们之间的差异。因此，若想真正有所创造，我们就必须不断留心并掌控周围的设备，而非被设备所掌控。

不成熟的技术

从一定程度上来看，思考设备是如何对人类生活进行控制的，可以提醒我们当前的移动技术是多么不成熟。不成熟的技术类似一个婴儿，它太过依赖你，需要你无时无刻的关心、爱抚和交流，否则，它便无法存活。而商业互联网则像一个青少年，到 2014 年它才 19 岁，正是努力思索人生目标的年龄。尽管我们对它抱有怀很大的期望与爱，但不得不承认它现在还有些叛逆与烦人，肆意浪费着我们的各种资源。

物联网

正如工业时期的设备一样，现如今的连接技术只有向更细分的领域分化，才能提供更为独立的功能。物联网的碎片化本质上确保了各项技术在不耗费人们精力的前提下完成工作，技术将会变得更加人性化。或许在将来，我们的耳朵将取代双手和眼睛，成为（人类的）杀手级应用，就如同在电影《云端情人》（Her）中一样。电影中的男女主人公的交流主要是通过语言而非借助屏幕。屏幕只有在需要平视显示器或全息画面时才会出现。若想成为一项服务而非一种负担，物联网需要更多地向电影《云端情人》靠拢，尽可能避开《少数派报告》中演绎的那般过度重视画面的场景。物联网需要成为削减屏幕画面的领导者。而"物联"实现后的下一阶段，就是让一切归于无形——就如同我们家里、商业环境和现代文明中的电、水与天然气一般。促成和推进这一转变的企业必将成为物联网发展阶段最大的受益人。

▶ 物联网是指任何东西都可以与互联网连接的世界。

物联时代已然到来

物联网并不是遥不可及的未来，它早已来到你我身边。被互联网连接的扩展所带来的日常用品数量真是令人瞠目。甚至环顾四周，我们在家中也能看到物联网不断发展的趋势：个人技术与设备、汽车、自行车、电视、大型家用电器、圆球灯罩、恒温控制器、运动鞋、衣物、枕头、床、门锁、玩偶……更别提手机了（智能中枢）。

一切都将实现互联吗

在第 7 章中，我们已经讨论过了关于科技的降价，并了解到了技术扩增将带来价格的大幅降低。过去许多用来创造互联性的部件，现如今或许比它们的外包装还要廉价。例如，一个射频识别 (RFID) 芯片比可口可乐的玻璃瓶还要便宜。其他一些较为复杂的互联部件售价仅为几美元。而是技术硬件的价格并不是问题所在。如果将人们对"物联网"的期待考虑在内，我们会发现几乎没有什么能阻挡"万物互联互通"正在成为一个势不可挡的主流趋势，而目前的社交网络与之相比，着实不值得一提。毕竟物联网所蕴涵的更多致富机会与市场营销的基础信息。这种将会持续为互联网时代带来翻天覆地的变革。

　　由于人们很容易在某个问题上兴奋过头，我们不妨换个角度看待这个问题，即是否只要买得到的东西都可以在互联网上出现呢？其实，在这个问题上，即使是兴奋的情绪也无可厚非。以下几点可以作为佐证。

- 每一个水、气、电的排水口（淋浴、马桶和厨房设施）都可以测量和传送数据。
- 冰箱、橱柜、浴室与医药箱的产品都会实现互联（大多通过外包装）并提供数据。冰箱、橱柜和浴室也能自动识别或感知其中的物品。
- 每一件家具、每一个房间的入口和出口都会实现互联。我们可根据要求，即时获得每个房间实时、高清的录像反馈。
- 玩偶可以提升孩子的玩乐体验，为父母免去后顾之忧。
- 每一件运动装备都可以提供有关身体表现的重要反馈（手机现已具备该功能）。
- 房屋与花园的建筑材料（例如水管或网屏窗）可以提供不法侵入数据。
- 安装有检测器的市政垃圾箱可通过扫描垃圾外包装的信息，确保垃圾正确分类投放。

　　想必你已经在脑海中构建出一个物联网的大致轮廓了。

对于零售商户、城市、乡村、办公室和健身房，也同样如此。一切都将实现互联。

为终端用户创造更大的价值

企业家们要做的不再是决定是否让他们的产业或服务实现互联了，而应该思索如何让这些能够"感知"的商品利用连通性，为终端用户创造更大的价值。就如同那些睿智的企业品牌能够迅速构思，并找到如何让社交网络上互联的受众彼此获益，智慧的产业需要找到途径，让人们从互联的商品中收获更大的价值。商品制造者如何帮助最终用户节省精力、金钱和时间，如何给予用户反馈并提出让人耳目一新的建议，如何为用户提供功能交叉的数据信息和其他创新服务？如何创造一个让品牌、用户和社会实现共赢？这就是营销人员的新任务。

一切都可以也终将实现互联，当然，那些有意将自己的品牌定位为"拒绝互联"的商品除外。

物联网信念的生根发芽

上文提到的实现互联的房屋和对自我行为量化科技，使每个人心中都种下了一颗关于物联网信念的种子。房屋实现互联与自我行为量化科技能够被用来追踪人们的活动，提供身体状况的数据和反馈，很多热门的智能手机应用软件已经在这一领域有所尝试。通过运用类似体能记录软件的应用装置而获得量化的反馈，人们可以获得的益处是无可置疑的。

然而，物联网科技的普及在追踪记录私人生活方面，却如同特洛伊木马一般，会造成令人意想不到的后果。

实体混搭

物与物之间的连接之所以重要，是因为它使得原本看上去毫不相关的世界彼此碰撞。技术革命所引起的纷乱开始以我们始料未及的方式重叠和交互。相互连接的"物品"以非线性的方式影响着我们的生活和工作、购物、零售业、媒体报道、定价算法，以及产品的生产和陈列。物联网塑造了一个可以感知的世界，它清楚地了解货架上有什么商品，谁在用何种商品，以及任何一种商品被摆放的位置，这种强大的感知能力终将改变商业的面貌。通过创造大量重叠交叉的知识，这个互联的世界将改变商业的关键所在——一个原本毫不相关的产业和数据点会成为另一个产业的核心业务。

以实现互联的马桶为例，通过安装多种感应器，马桶可以对人体排泄物进行分析，并输出高质量的化验诊断。如果马桶使用者患有某些疾病，马桶可以在症状显现之前，便对患者进行疾病提醒。同时，马桶可以记录每名家庭成员的DNA 信息，以便随时对可能危及生命的疾病作出预警。人们不用改变任何生活习惯，实现互联的马桶完全可以自动完成以上工作，就是这么简单。谁不想提前对可能发生的癌症进行检测呢？突然之间，马桶生产商就变成了医疗行业的重要商业合作伙伴。

社交媒体的力量来自"混搭"。不同于前者通过将虚拟信息进行"混搭"而制造新的产出，物联网通过将实体物品进行混搭以创造新的价值与意义。例如：

　　1. 冰箱对包装物品生产商们变得重要；

　　2. 衣橱对衣物生产者意义非凡；

　　3. 电视机（或屏幕）可以感知房间中的物品，并基于商品及其购买频率播放特定、相关的节目信息。

　　市场营销也不再像过去一样专注于垂直供应销售和基于价格的配送模式，它更像一项非线性的混搭工作。

由此及彼式的生活

　　上面提到的物联网所带来的诸多好处虽然诱人，但却并非各商业品牌和技术提供商的核心研究领域。技术若想彻底改变人类的生活方式，首先应该使人受益，否则便难以推广扩散。如今市面上出现大量简化的软件，不懂技术的人使用起来，也能得心应手，普通人无需编码和掌握编程技能，也能通过程序操纵周围的环境，赋予人们惊人的技术力量。

　　现如今一款出色的应用软件——由此及彼（If This Then That，IFTTT）就是很好的例子，它意指"如果 A 发生，B 也会发生"。这款应用中预置了条件菜单，也就是极客们常说的"条件语句"：当某个条件触发后，便会自动触发相应的命令。进入市场之初，IFTTT 是为各种社交媒体提供一个交互的工具，现如今，它已进入物联网领域，并与许多硬件设备提供商开展合作。将多种互联网服务商和硬件设备进行连接后，二者便能够实现通话，当预设的条件在一端发生时，便会触发另一端执行特定的"行动"或输出特定结果。IFTTT 预示着一个崭新世界的到来，生活在其中的我们只需要具备阅读的能力，便可以通过程序对其进行操纵。正如大众化的社交媒体一般，这项工具的设计十分简单，所以人人都可以达到之前只有复杂的工业化控制才能达到的自动化水准。这几乎可以称得上是生活帮，例如，当马桶数据显示你体内维生素 C 的含量低于最优水平时，你的购物清单便会自动添加柑橘类水果。

▶ 生活帮是指在日常生活中一切可以帮助解决问题，简化步骤或减轻忧虑的方法。

环境共享

如今，我们在社交领域所分享的内容，在普适计算到来之后只是其中很小的一部分。届时，所分享的就不只是我们的思想和部分的社会生活，还有我们所有活动和消费的实体曲线图。智慧的企业将要做的，就是将他们的产品进行连接，并将其向大众完全开放，甚至构建起开放式的软件开发生态系统，让人们根据需要自行对系统进行建设。只有真正放手，将品牌交给消费者，企业才能在物联世界中受益。这也正是当社交媒体产生时，传统媒体所应该做的，遗憾的是，他们却未能做到。

实现互联的房屋、可被量化的身体状态、双向的忠诚度、游戏化和真实数据将会永远颠覆传统的用户人口分析以及对市场的揣摩。进入物联网阶段的企业与品牌，需要充分信任潜在的商业市场或有机的生态环境。他们必须明白，在时机未到之前，人为的策划或预言都是徒劳，而机遇到来之时则必须欣然接受之。就如同在浓雾中前行，我们无法看到路的尽头，但是越向前，道路就越清晰。物联网世界中所需要的不是预测的心态，而是一颗对未知世界时刻保持好奇的头脑。

随着人类（企业家与公司）对互联世界的不断塑造，我们现在可以对即将到来的物联网给商业影响所带来的机遇作出预测。社交网络将我们彼此连接，为初创企业开启了一个崭新的时代。因此，我们发挥带头作用，珍惜当下这个互联的形势，创造出实体商品的混搭。相比之下的社会网络，只有当这些工具被使用时，我们才能了解到人们想要追寻什么、共享什么以及做什么。

人们一旦能够对事物进行追踪记录后，计分便随即而来。我们在不知不觉中便把生活变成了一场游戏。虽说商业早已被游戏化，但工业的游戏机制却即将因此进入全新的时代。

CONCLUSION

碎片化时代趋势　　技术日益增强。它们将不仅出现在我们的办公桌或者口袋里，还会渗透到我们所使用的所有物件中。我们将会看到世界中各式各样的物品彼此相连。

碎片化时代商业影响力　　物联网将带来全新的连接与创新的可能。伴随着各种事物与人们日常行为相连所产生的数据，新兴行业将会逐渐浮现出来。

The Great Fragmentation

Fragmentation

and Why the Future of

Business

is small

第14章

大游戏时代：通往商业游戏化的未来之路

互联网时代的游戏心态

超越细分市场

只有宅男才玩游戏吗

感情 + 动机 = 行为塑造

共享的不止这些

当游戏化置身于现实中

游戏思维

分布式的科技神经系统

传感器的强大功能

产品即是计算机

混合式应用天堂

游戏化的种子已经播种下

让我们开始这场游戏

若干年前，一些成功的互联网企业——确切地说是网络APP应用和网络资产，开始崛起，"游戏化"一词自那时起，开始进入商务用语的领域。但它还没来得及像其他词如"众筹"一样为大众所熟知，就遗憾地以热门网络话题的身份逐渐淡出了历史舞台。然而，这并不能说明关于游戏化趋势的预测是不准确的。我们与其思考词语消失的原因，还不如思考创新扩张过程中所存在的问题。大多数颠覆性技术创新也应遵循着相似的轨迹（见图 14—1）。

事实上，我们仍然在通往商业游戏化的未来的道路上狂奔。如今，我们虽然身处游戏之中，但却浑然不觉。并不是只有在互联的社会化世界中，游戏化才有可能发生，游戏化是不可避免的。如果让我为游戏化打个比方的话，它应该是这样的：

如果说世界上第一款家用电子游戏《Pong》是单机游戏的话，那《愤怒的小鸟》就是游戏化。

游戏化就是以商业产出为目的的、行为经济学和游戏设计方法学的交叉。当我们深入思考时就会发现，它和传统意义上的商业距离并不遥远。

与科技相比，游戏化与人类学的关联更大，但是科技与人类学这两大要素正开始联合起来创造一个新的商业平台，如果运用得当的话，这个平台将能够在规避货币的同时，创造出购买力。游戏化将会像电视一样改变品牌营销的方式，甚至改变全世界的面貌。而游戏化的潜力则更为人惊叹，因为游戏化机制能够提升我们的自制力并帮助我们更好地维护地球环境。

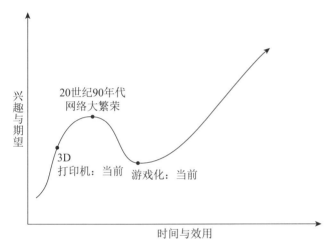

图 14—1　期望与效用曲线：加特纳成熟度
曲线上的个人变量

注：该理念由加特纳公司提出。

儿童的游戏

游戏化的趋势是不可避免的，因为这就是人类的本性。追求评分是人类与生俱来的特性。这是我们奇妙的协助人类占据食物链主导地位的大脑灰质对人类行为发出的另一指令——人类喜欢计数。人类与其他物种之所以有所区分，就是因为人类具有对一切事物计数的能力与欲望。计数最初只是人类出于生存的需要，随着不断的进化，我们现在已经养成了对所发生之事和事物工作原理进行计数、回顾、完善和跟踪的习惯，因此，我们才能够一点点了解外部事物并掌握新的技能。通过对天数、星期、季节和距离的计数，我们创建了直观的算法以及为获取食物维持生计所必需的规则。

因此，我们也不难理解，游戏无疑是我们在孩童时期仅次于语言最先学会的事情之一。在我们人生的前18年，我们都在不断地学习数字、计数以及与之相关的各种游戏。之后就有了现代计数行为，同时也形成了我们游戏意识的根基。许多东西都需要计数：薪水；银行存款；房屋的价值；投资；退休金和股票投资组合。

另外，我们还会通过竞争以追求更高的分数，从而获得更多的财富和更高的社会地位。我们如此求胜心切并不是我们的错，这是深深刻在我们本性中的特质。这的确有些可悲，但是更可悲的是，如今我们甚至开始计算朋友的数量、粉丝数和社交论坛上的注册量。

一旦我们对一切事物都开始计数，攀比现象就不可避免地出现。游戏机制自然而然就接踵而至。文明的演变史便是一部卷帙浩繁的游戏史。随着智能手机的出现和物联网革命（互联网发展的第三阶段）的开展，事情变得比以往更加有趣——在物联网时代一切事物都可以被量化，而有量化的地方就会有游戏。

互联网时代的游戏心态

当前的互联网时代培养出了我们的游戏心态。如果我们仔细观察，大量的游戏应用程序已经将我们下班的休息时间充斥满了。有趣的是，这些原本应该在"下班时间"进行的游戏，却也不知不觉地开始占用了"上班时间"——因为习惯一旦形成，便难以再用时间界限来进行控制。我们曾见过无数场游戏，但是所有游戏的集合都是对人类互动行为的训练。在当前互联网时代，有两种截然不同的游戏类别。

当互联网遇上体育游戏

这个领域中的游戏也参与到了由智能手机本身所推动的体育活动中。这些游戏通过使用陀螺仪、加速度计等传感器来检测人们的体育活动，它们通过互联网移动通信技术，实现个人和实体的互动。此类手机 APP 游戏应用通常是围绕一个单一的玩项开发的，我们可以不断升级，但每个游戏都是独立的。这种游戏类型包括《飞行控制》《愤怒的小鸟》《水果忍者》《切断绳子》《你画我猜》和《糖果粉碎传奇》等。玩这类游戏就是要创造科技与个体及实体的互动，科技凭借其对玩家一举一动的准确追踪，潜移默化地对玩家进行训练，并使得玩家可以见证到自己在细微层面的量化运动能力。

渐进与迭代游戏

这类游戏指的是那些我们需要花费较长时间连续进行的游戏。如果我们这次玩游戏玩到某个阶段时中断，下次还可以从上次中断的地方继续进行。这类游戏更紧密地代表着物理意义上的现实世界，呈现了在互联网环境中社会生活被放大的细枝末节以及与人类的互动。这类游戏包括《开心农场》《城市小镇》《魔兽世界》和《我的世界》等，我们需要使用互联网工具和虚拟的环境，从而为自己创造一个更好（但虚拟）的现实。

尽管这两种类型的游戏看上去互相独立，但它们却已经开始相互重叠。基于智能手机的游戏能够教玩家追踪其实体运动，而连续性的网络游戏则教我们基于社会互动和迭代去塑造外部环境。两者都强调重要技能的掌握和对行为进行追踪。然而，当把两者合二为一时，我们就能够将现实游戏化。大多数游戏仍无法突破作为"下班时间社会和娱乐工具"的定位，如今人类行为和科技则意欲改变这一局面。现在所需要的就是那些富有想象力的技术人员、营销人员和政府把它们结合在一起。

超越细分市场

大多数经济学的理性主义者认为，他们已经目睹过了社交游戏公司 Zynga 的兴衰。他们认为基于用户地理位置信息的手机服务网站 Foursquare 攻占主流市场的失利已足以说明一切。他们认为，互联网游戏获得的消费者忠诚度不足以为其带来真正的商业效益。但他们漏掉了一个重要的信息，那就是大多数互联网游戏并没有加入经济激励这一重要因素，这是缺少的环节。因此，渗透着商业意识的游戏化只是处于起步阶段，但它却孕育了量化的自我运动。

> ▶ 量化的自我是指通过运用科技追踪个人活动并通过提供反馈以提高自身生活质量。

只有宅男才玩游戏吗

当然，我们都喜欢玩一些手机 APP 应用的小游戏以愉悦身心，但是那些长时间连续作战骨灰级游戏玩家都应该是超级宅男吗？难道这些游戏只是那些在地下室、头戴耳机、通宵达旦玩游戏的青少年才玩的东西吗？

当然不是，人人都会玩游戏，即使是那些没有意识到自己玩的游戏有多荒唐的成年人也不例外。

周五夜晚的灯光

在澳大利亚的冬季，每周至少会有两次 8 万人聚集在墨尔本的一个大型体育场 MCG 观看澳式橄榄球比赛。来自不同教育程度、年龄、性别、种族和宗教的观众聚在一起为一场世界上最荒唐的比赛呐喊助威。如果你对该比赛不是太熟悉，那就听我细细道来。

比赛是在一块大草坪上进行的，周围设有 10 万个座位，以便让观众看到草地上所进行的比赛。赛场上还安装了大灯，这样即使在晚上，观众也可以清晰地观赏赛事。比赛开始后，36 个成年人组成两个队，即使是寒冬腊月，他们也只是穿着短裤和彩色针织衫在赛场上奔跑。这个游戏的目的是将一只橄榄球踢进由四根白杆组成的球门中，橄榄球落地的位置决定了你的得分是 1 分还是 6 分。在 120 多分钟的赛事中，把球踢进球门次数最多的球队赢得比赛。这样的赛事一年当中要进行 24 周。我们观看比赛的唯一原因，是因为我们年龄太大或者能力不足不能亲自上阵，正可谓"心有余而力不足"。幸运的是，互联网就开放得多了。

每个国家都有这项比赛，只是版本不同罢了。每个国家都能以数十亿的价格售出其联赛的媒体转播权，整个体育行业都是建立在这样的童心未泯的成人行为之上。

是的，这是游戏，但只是不同罢了

此刻，人们通常会告诉我这不是一个"游戏"和"游戏行为"的恰当例子。通常用来反驳我的话是，足球不同于在社交网络上种植虚拟的蔬菜或者买卖猪仔，足球是一项具有历史的竞技运动。

其实并非如此。这样的想法过于感性。我们对游戏有一种非真实的情感投入。如果我所支持的球队赢了总决赛（顺便说一句，他们近些年真的做到了），我个人能从中获得什么收益呢？除了油然而生的自豪感（有了与友队球迷嚷嚷的资本）外，其他什么也没有，这同样也是大多数互联网和社交游戏所做的。感情不能因虚拟与现实而有所区分。

> **感情不能因虚拟与现实而有所区分。**

基于地理位置的移动社交网络服务提供商 Foursquare 就是运用了类似的人类情感在运行。基于所去的地方的和所做的事，用户可以在 Foursquare 网上"签到"并获得勋章，随即可以获得积分并与好友进行对比。虽然我也不确定我这么做的原因，但能够记录下自己活动的轨迹还是很有意思的。它跟旅行日记有些类似。如果我比其他用户到某地的次数都多的话，我就会成为那个地方的市长，在我的应用程序中就可以得到一个小小的虚拟市长勋章。我还能把这个勋章发 Twitter 或者在 Facebook 上展示。勋章是一张很酷的小图片，与在游戏屏幕上看到的一样。如果一个月内我去机场的次数足够多，我可以赚到一枚"空中飞人"的勋章。可谁会在乎这个呢？我会。我想成为一个"很酷的地方"的市长；我想成为一个"空中飞人"；我想在我的朋友圈内默默地炫耀一把。勋章不是真的，我没法把它戴在身上，其实它只是电脑屏幕上由 1 和 0 组成的代码，但对我来说，它是切切实实存在的。虚拟的勋章或网上的荣誉就像忠实于自己所钟爱的球队的颜色一般。无论用于创建情感的工具是什么，情感本身是切实存在的。感情是真实的，正如每个地方的体育通常是价值数十亿美元的产业。虚拟活动创造的情感与实体活动所创造的感情并无二致。

感情＋动机＝行为塑造

为了使游戏以一种有意义的方式进入日常的商业范畴，我们需要将社交媒体和金融结合起来。我们需要利用网络的计分能力，这里的"分"并不仅仅指计分板上的数字，而是指所有类型的行为、活动和合作。在商业游戏化领域中的智能计分需要进行全方位追踪，例如：

1. 进行地理定位的人；
2. 记录人类运动；
3. 寻找附近的事物、地点与商品；
4. 追踪特定活动的频率；
5. 识别年、月、日与具体时间。

事实上，以上只是很小的一部分，一切可以被计数、衡量、追踪、共享和重叠引用的事物都应囊括在内。

共享的不止这些

正如我们所看到的，人们之间的共享已经超过了任何阶段的内容。各种社交媒体的存在证明了共享是人类的基本行为。事实上，共享也是文明社会的基本属性之一。是的，虽然共享信息会带来一些风险（比如个人隐私范畴的内容），但我们的本能告诉我们共享所带来的好处超过了其所带来的风险。我们本身处于一个风险回报并存的社会，而大量证据表明共享信息利大于弊。所以，我们选择为信息共享点赞。

相比而言，更深入的商业化和综合化的游戏要求更进一步的共享。这类游戏要求我们分享最私密的个人活动和数据，接受系统的消息推送通知，它要求我们随时分享所在地，还要求我们分享所购买的商品，不是默默地通过购物卡购买，而是更开放地显示出印有公司的品牌信息。除此之外，它还要求我们分享出行计划和医疗信息，我们家中的设备和所发生的事，我们所购买的商品以及所接触到的一切事物，我们到过的所有地点，甚至是和我们在一起的人的信息都将会被共享。这些信息将会被收集、比较和竞争。其实我们已经在与他人分享其中的大部分信息，例如，通过智能手机的应用程序公开自己的运动习惯。来自社交与物质的激励为我们提供了分享的动机，拒绝分享未免太过可惜，因为一旦拒绝，就意味着与时代脱离开来。

当游戏化置身于现实中

以往的互联网游戏大多与科幻有关。这些游戏出现时大都是采用未来式的科技，把它们放在充满幻想的未来背景下也是很自然的。他们中有些是运用游戏手柄控制科幻电影里的宇宙战舰，在宇宙空间击落外星人，以保护地球。我们通过这些游戏来短暂地逃离现实，就像看电影那样。有时候甚至电视节目的内容也是科幻之类的。

如今的游戏已经以各种有趣的方式融合了现实社会的元素。游戏仍然以一种普通科技的形式存在，但是已经不是当

年那个规模宏大利润滚滚的行业了，至少对现在的我们来说
不是。游戏现在成为了常规市场项目的一部分和各年龄段的
一种文化。它们已经不能被称作游戏，而是由我们身边的各
路科技控开发的、便于操作的设置，被悄然地带入我们的生活。
正如科技早已不是一项独立的产业而开始自然地融入商业的
基础层面，这些游戏的出现开始成为我们日常生活的一部分。

与日俱增的现实主义

　　生活中的方方面面都充斥着现实主义的味道。之所以会
这样，是因为在大电视工业综合体时代，一切太平的日子是
如此地虚假——从情景喜剧、人为的小麦肤色到加工干酪。
我们无法接触到事情最本真的状态，例如，我们不知道食材
最初的样子以及它们烹饪的过程是什么。我们的世界就像一
个巨型的超市，一切东西都明码标价，贮存稳定，摆放整齐，
闪闪发光，没有什么需要进一步完善的地方。

　　这一运动开始于 20 世纪 90 年代中期，具有讽刺意义的
是，这大约与互联网开始普及的时间一致。在无节制的十年
之后，我们开始寻求改变。人们开始转向追求更为“真实”的、
非主流的事物。这种追求不仅来自人们丰厚的财力——足以
支撑其对小众的追求，同时也是一种抗议。音乐产业首当其
冲发生了翻天覆地的变革，人们试图寻找新的音乐元素取代
已经听了 50 年的传统版本。垃圾摇滚（Grunge）运动便是一
场关于“真实”与“撕裂虚伪”的运动。不可否认的是，当
时所产生的一些标榜真实的音乐实在是令人生厌，例如“Big
Brother”、“Jersey Shore”和“Real Housewives”之流，但也
确实产生了一些好的观念，例如，有机食品和真正的好咖啡。

大约 15 年之前，大部分咖啡馆的咖啡都是用热水即时冲入提前加工好的黑渣土。但自那时开始，消费注重的就不仅仅是产品本身了，而更多的是一种消费体验。

行动大于占有

我们向来对"真实"的东西有着深深的渴望。在依靠互联网展示与分享生活的今天，那些虚拟的东西在人们看来一点都不酷。倒是将从位于新兴市区、城郊的黑人餐厅实地拍摄的大餐照片上传到 Twitter 上，要远胜过网络上的虚拟餐厅，因为它显得更为"真实"。

如今，拥有是行动的一个过程，而非一个单纯的结果。简单占有的本质是虚幻的，而行动和体验的过程才显得真实。

我们看到全球的十大趋势之一就是协同消费（之前在第 8 章已经讨论过），因为它使我们联系得更紧密，使生活中的事物变得更真实。我们不再把生活的乐趣寄托于购物，而是体验之上。若想使游戏达到长期和商业化的效果，我们需要清楚地掌控生活中的事件和活动。更重要的是，要把这些和我们的生活紧密地联系起来，成为我们所从事的工作的一部分，就像生活的游戏、挣钱的游戏和投资的游戏以及现代商业的游戏，天生就属于现代文明生活的一部分。科技和生活的紧密结合正在紧锣密鼓地进行着，并将使我们的生活发生重大的变化。

游戏思维

我的爱车是混合动力版的丰田普锐斯。它和其他环保汽车一样，可以根据我们的驾驶习惯，给予我们如何驾驶最节能的反馈。通过仪表盘上的一个窗口，它会量化已经节省的能源。这样的反馈会促使我们在驾车时更加谨慎，更注重环保。从而使驾驶者节省了油费，而汽车厂商赢得了品牌的口碑。

我们甚至会玩跟游戏有关的游戏。美国 ESPN 网站的 Fantasy 系列游戏使之前只能以观众身份进行幻想的人们真正地参与进来，实现做文森·隆巴迪（Vince Lombardi）的梦想。

如今游戏的思维也已经渗透到零售业。团购的产生就是该思维产物的一个早期例子。尽管一些早期的团购模式已经破裂，我们仍可以类比一些早期的社交网站，它们的失败可以看做是发展中不可避免的一部分。而新加入竞争的零售商、消费者和外部新兴公司会接踵而来，并开发出新的更有效的市场化策略。

众筹在某种程度上是一个绕开零售业直接打开预售渠道的一种游戏，而且同时是一场跟传统金融市场的博弈。通过扮演零售、金融系统的角色，众筹赋予交易双方"游戏者"更有创造性的选择和参与机会。

第六感

我们的第六感已经不再遥远，它就是我们的智能手机。这件生活必需品对于每一位使用者的人性关怀和重要性，我已在本书的第 7 章中作过评述。但它的人性化和重要性远不止于。正如名字中映射的，它非常"智能"。

智能手机知道的东西非常多，特别是一些往往我自己都不知道的东西：

- 它可以精确到厘米的定位；
- 它知道所处的方向；
- 它知道所处的高度；
- 它知道前进的速度；
- 它的脑袋后面有眼睛，可以看见；
- 它有图形化的记忆，并可以储存无限的数据（连接云端时）；
- 它可以听懂我们所说的，并作出回复；

- 它可以辨别我的声音；
- 它可以和其他人直接交流；
- 它可以和其他的智能设备直接交流；
- 它可以兑换货币；
- 它可以识别我的指纹；
- 它对触控敏感；
- 它知道一切互联网上的信息，甚至是我们所知道的一切东西。

目前它暂时无法做到和不知道的事情，也将会在不远的未来得以实现。它已经几近人类，并成为我们身体的一个永久的延伸。

不管我们的手机，或者其他形式的个人移动计算设备、可穿戴设备是否能最终做到以上所说的，它们都在持续不断地变得更智能、更便携、更强大。它们不是生活的简单附加品。举一个最简单的例子来说，它们对我们的帮助和重要程度，就是当我们把手机落在家里或者办公室时的那种可怕感觉。那种感觉就像生病一样，以至于我们会不惜再次返回去取回它。

分布式的科技神经系统

▶ 仿生学是指模仿自然的模式、系统及元素，以解决复杂的人类问题（维基百科）。

人类距离获得独立的科技神经系统已然不远。神经仿生学正在兴起，我们可以通过外部环境传感装置开发第二套神经系统。

传感装置有时候能够使现实世界中的事物发生转变，例如，将温度转化为可解读的数据，能为我们提供一个常态化及人性化的温度测试。由于传感技术成本的不断下降，我们正在建立一个遍布全球的神经系统，所有人均可以参与其中，创造一个完备的环境感知，其灵敏程度是人类所无法比拟的。这是继大众媒体之后的另一种共同感知，并将是真实可触的。本质上，全球神经系统就是我们分布全球的技术协助系统。创新而碎片化发展的行业和初创企业正在建立这一体系。智能家居将是独立神经系统的首个实践之处。

传感器的强大功能

人们可以使用的传感器包括微处理器、无线射频识别技术、加速器、高度计、计量表和各类视听扫描仪。只要你能想到并希望进行测量的，传感器都能帮你完成工作。传感器能够测量并记录温度、光照、气压、湿度、水位、运动趋势、相似度、密度、模式、人脸识别、品牌以及我们所处环境当中的日常事物。这些传感装置能以极为精密的准确度感知着外部世界所发生的事、涉及的人和产生的结果。

传感器、中央处理器和屏幕将越来越扁平化，但功能却更加强大。许多传感装置体积将变得非常微小，以至于我们无法用肉眼识别。而此类技术的成本却并不昂贵，因此，将会十分普及。它们能够感知我们的一切行为并与我们进行互动，而我们也可以将此类技术运用在游戏竞技之中。

产品即是计算机

一旦科技成本降低到人人皆可使用的程度，科技便会广泛运用到我们日常生活的商品上，而当人们使用完这些产品并将之丢弃后，其内置的科技也将同时被丢掉。科技将被运用于牛奶盒、可乐瓶、牙膏、墙壁、一次性咖啡杯和面包中，换言之，在我们的冰箱、食品储藏室里和浴室里的所有物品都将实现"智能化"。日常生活设备上的智能计算能力将和今天的条形码一样普通，因为条形码均将被这些智能计算所取代。但智能计算却将变得更为日常化，因为传感器将出现在很多条形码并未出现过的商品和地点中。到那时，在我们生活的世界里，电脑和日常商品将合为一体。我们甚至可以预测到在谷物包装背部将使用一次性屏幕，如果这一设想得以实现，包装产品也将变成了计算机。

混合式应用天堂

既然我们已经拥有了这些科技元素和与人文元素，那下一步将会发生什么呢？游戏化和混搭式的应用天堂即将来临，那将是非常了不起的一种景象。我们从买 / 卖—赢 / 输的模式进入到了"共同任命和合作求得互惠成果"的世界当中。那么游戏化未来的一天将会是如何上演的？

我们不妨来设想一下游戏化的人生该是怎样的。

· 在浴室。我起床后刷了牙。我的新款欧乐（Oral-B）牙刷内置了传感器，因此我能够在这一计算装置的监督下，完成规定的两分钟刷牙。但我为什么会这么做呢？因为我的护齿规划给了我 20% 的折扣，如果我坚持这么做，每年将会节省近 300 美元。这事对我而言棒极了，因为我既能保持口腔的健康，还能得到一笔钱。而我的护牙规划也让供应商极为满意，因为我降低了医疗风险，是一名好顾客。欧乐公司也乐见其成，因为我使用牙刷的频率更高，需要换牙刷的频率也就越高。牙刷内的传感器只能使用 3 个月（这也是牙刷手册中推荐的产品寿命），这样，此类产品的购买频率也就提高了。

· 上班途中。我坐上了城铁前往公司上班。虽然我有一辆性能极佳的汽车，而且我的办公室也有停车位，但我之所以选择城铁作为交通工具却另有缘故。到那时，政府积极鼓励民众使用公共交通出行，以减少交通堵塞，并借此帮助其碳排放合约的目标达成。在坐车途中，我通过注册的智能手机应用或支持无线射频识别的政府公交卡登入系统，记录自己的出行方式，并由此获得相应的税收减免。

· 本地食品零售店。为了买到早晨的咖啡，我一连经过了三家咖啡屋都没进去，就为去这家位于街道尽头的咖啡店，它为每个签到五次的用户提供一杯免费咖啡，而我

使用手机中的定位应用完成这一事项。店员们知道我已经完成签到，因为我的手机已经在我离咖啡店不到 5 米时就告知我登记过了。总之我获得了一杯免费的咖啡，这也是对我忠诚的嘉奖吧。

· 健康与健美。午饭时间到了，我穿上了内置区位跟踪器的新跑鞋去跑步。我如果每周慢跑三次，每次至少十分钟，就能在一年之内，从我的健康保险供应商那里免费获得两双这样的跑鞋。而我投保的保险公司也非常希望我能够这么做，因为像我这样的中年人最大的健康杀手便是心血管疾病。每次我进行锻炼，我患病的风险就会降低。他们制定了一套算法，计算美食客通过燃烧卡路里和跑步的公里数，能够导致保险赔付额下降；因此我就可以免费得到跑鞋，运动鞋制造商则会售出更多的商品，而保险商所承担的风险也同时降低，这是一个三赢的局面。

· 交通堵塞。我在傍晚 6 点 30 分下班，但直到 7 点，我才离开办公室，我可以利用这段时间上上网，喝杯咖啡，与

人聊会儿天或者在线购物。我的政府公共基础设施应用给了我虚拟货币积分，可用于兑换燃油，这事棒极了。政府通过热图数据将交通分流至不同的道路，这样我们就不用再饱受堵车之苦。当政府意识到基于大数据的交通疏散和采用工艺地质学的方法比在城市中建设新的道路、高速路或额外的桥梁隧道要便宜 10 倍时，他们决定推行此类措施。每个公民都选择参与到这场游戏中来。道路应用方案面临着来自公众的极大压力，因为没人愿意被堵在半路或者违反"堵塞减少方案"。由此，游戏中每个人都获得了胜利。

- 教育。当我回到家中，问了 12 岁儿子练习吉他了没有。我还记得儿子说服我们给他买一把配置传感器的芬达牌的吉他，极为灵敏的传感器安装在指板上，买这把吉他可以让我们将其与悉尼学院文科奖学基金挂钩。而儿子今晚第一次完成了吉米·亨德里斯（Jimmy Hendrix）作曲的《紫雾》（Purple Haze），他也因此获得了一大笔奖学

金积分，悉尼学院通过这一方式招揽来了许多最具天分的艺术家。而我们一家子也共同参与了这个游戏，并在"长期奖学金游戏"中获胜。

- 物品购买。我决定买点生活必需品。我坐在沙发上购物，无需前往实体商店。我不用再特意选择那些特价商品，因为所有商品的价格都很低。我可以根据自己参与的所有游戏进行购物，这样我就能成为经济环保的聪明顾客。我无需绞尽脑汁记住该买哪些物品，我只要把自己所有相关的计划都登记在"超市应用"里面，它就能自动生成我所需要的购物清单。这样我很快便能和品牌建立联系，而宝洁为我提供了一个多种类商品购买的激励，这一次我不仅购买了欧乐牙刷，同时还购买了他们全部的个人护理产品。这种方式类似于飞行奖励机制，它能让我一直留在某个特定的商品联盟之中，保持对其产品的忠诚度，而零售商们可以将货物完全出售。

- 慈善。在家时，我听见有人敲门。救世军组织在挨家挨

户为红盾募捐组织筹集善款（假设救世军在将来还能挨家挨户进行募捐）。我还记得他们评选澳大利亚最慷慨郊区的广告活动。我似乎听到他们在讲"谢谢，但是富裕郊区会捐的更多哦"。救世军非常清楚地了解人们的这种心态，并将慈善变成一场任何郊区均有机会获胜的游戏。他们根据捐款的"居民数量"与同一地区人口总数之比算出募款百分比。救世军开发出了一套现场而且不断变化的热图以供人们观看，政府对于最慷慨社区将给予最优惠的税收激励，从而减缓社会福利支付体系的负担，于是，我们还会鼓励自己的邻居进行捐赠，进而形成一个多方获利的局面。

- 住宅。我决定上床睡觉却并没有关掉电灯，事实上，我没有关掉家中的任何设施。家中的谷歌安乐窝系统能够感应到我在哪个房间，根据程序中的学习改善算法，确定我的就寝时间，然后调整家中的能耗。安乐窝系统关闭了所有电子设备，重置恒温器以保持夜间的合适温度。它将洗衣机设定在 3 点开始工作，以避开高峰并为我的电动车充电。系统还检查了我的日记和通知，知道我明早时有一个早餐会，于是会在早上 5 点 30 分为我开启那些起床后需要的装置。

- 工作。上床后，我读完了下载的电子书，这样就能从政府那儿获得自我教育奖励。电子阅读器上的眼部扫描仪会探测到我正在阅读，而这和我的税收注册就业情况相互连接。我得到了"特别虚拟货币"奖励，这些钱只能花在亚马逊或其他与教育相关的购买行为中。而政府则将继续对自我教育计划进行奖励。

游戏化的种子已经播种下

游戏化经济学的种子已经深深根植于我们的行为之中。

大游戏的微缩版本已经存在很多年。游戏规则 101 认为激励远比隐私更重要。我们参与飞行奖励计划或信用卡积分回馈活动并非仅仅为了加入这一场游戏，而是为了通过此类活动记录我们的行踪。而现在，任何事物都有可能进行游戏化：任何产品、任何家庭和任何个人。

让我们开始这场游戏

也许我们进行此类游戏只是为了让世界更高效、更安全、更环保，也更加有趣。我们确信一件事：所有这些技术正在得以实现。所需的技术模式已然存在，我们也早已理解了人们的行为模式。我们仅需根据自身所处的行业、品牌或公司，发挥创意，设计出相应的游戏机制即可。让我们开始这场游戏。

尽管真正的游戏旨在使得人人从中获利，但有时候企业无法如愿以偿，个人也会受到不公正待遇。每当这样的情况发生时，就会促使我们想要入侵该系统中，拿回自己的所得。

CONCLUSION

碎片化时代趋势	游戏的概念已不再局限于操纵杆，游戏化机制将进入更为广阔的社会领域。
碎片化时代商业影响力	如果能找到途径，创造出一种激励方式，让人们想要获取某种积分，我们甚至可以在生活中不使用货币，或者创造出自己的货币。

The Great Fragmentation
and Why the Future of Business is small

第15章

系统黑客入侵：好创意，坏名声

定义黑客行为

黑客文化

黑客行为的必然性

对零售业的入侵

对行业的入侵

我最喜爱的媒体入侵

为何我们要自我入侵

率先而为的 MOOC

是的，但它们是非营利性的

提及黑客入侵，我们的脑海中总是会浮现犯罪及违法行为的画面。它将我们带回 20 世纪 80 年代的科幻电影中，年轻人侵入政府计算机库，未经授权进入核弹发射系统引发第三次世界大战。或者人们也会想到那些运用自己的专业知识进行龌龊之事的黑客："他们才是真黑客。"耳闻某人或某项活动进行"黑客入侵"，我们总是会立即警觉，因为长久以来，黑客行为总是臭名昭著。然而，我们真正应该关注的是黑客行为本身，并独立分析这一行为是否具有积极意义，以推动人类的发展。

定义黑客行为

虽然"黑客行为"可以用于定义多种行为，但我希望以下释义能帮助读者在本章开始时就能认识到黑客行为中积极的一面。

ABOUT　　黑客行为

黑客使用非常规甚至粗野的方式进入或规避某个系统，以获取更为满意的结果。

根据此项定义，黑客行为也有其正面性，特别是在使用某种开放式系统时，这种系统往往对所有人开放，但却在设计过程中忽略了最终用户的使用感受，此时黑客的行为便更能带来积极的结果。鉴于我们生活的环境正在不断地被最终用户重新设计并为其服务，我们应该理解自己生活在黑客文化时代。

黑客文化

人类曾经经历了工业文化时代，而今正迈入互联网黑客文化时代。我们使用、借助甚至生活当中的工具，如智能手机、电脑、互联网及其知识银行——你可以将其视为互联网操作的系统，均将我们带入了黑客网络世界，在这当中，人类重新定义各项事物，以满足自身要求。如今公众拥有的工具与曾经用于入侵过时的工业体系的工具并无二致。在那些工业未进行调整以适应新世界的领域，黑客们将为之代劳。

我们的世界从商业到社会方面都已实现了互联网化，这赋予了我们新的权力与该体系角逐。门窗、墙壁甚至建筑物都不再成为获取事物的障碍（从实体意义上而言），人类已能够侵入系统。人类通过使用互联网工具及连接方法绕行该系统，建立新方法并获得更为优化的成果。实际上，我们通过审视系统，找到了全新的虚拟途径，从而获得与现实世界相同的成果，并深入探索与挖掘。

- 团购通过将消费者聚集在一个购买时段及场所，并为其提供了极低的价格；
- 代购则是指代表买家在海外市场进行商品购买，此类商品或许在买方的国内市场并无销售，或者由于缺乏竞争导致价格高昂；

- 优惠券网站为在线买家在单独站点之内提供折扣代码汇总信息，以使其能够以更优惠的价格直接购买商品；
- 比价网站为消费者提供商品线上线下的零售价格信息，以使其获得最优惠的价格。

黑客行为的必然性

当我们为大多数行业搭建互联网平台时，这些行业不是被新进入领域的初创公司打破垄断，就是被抱怨受到不公待遇的最终用户入侵。在透明化市场形成之前，行业内的企业拥有完全的定价权，其产品价格能够因不同市场及区域而千差万别，从而为其带来最大化的利润。企业还能根据其预算及营销计划决定是否进入其他市场领域，甚至还能够完全放弃某一特定市场，而最终客户却对此束手无策。澳大利亚便是深受其害的一个典例，一直以来，被认为市场规模有限而不值得对其进行投资。

而现在，假如某个市场未能以相同的价格、同等的服务，在同一时刻面向所有大众，那么该市场体系就将遭遇入侵。拥有连接信息及渠道的受众群体将入侵该系统，以获得同等的市场待遇，而在所有的行业之中，零售业将面临着最大程度的入侵压力。

对零售业的入侵

与其他行业相比较，零售业所遭受到的入侵频率最高。人们不断绕开传统的零售渠道以获取更好的交易。一些精明的企业家和希望得到更加实惠的顾客发明了一些简单的系统入侵方法。

最不幸的是，传统的实体零售行业正经受着虚拟和实体黑客行为的腹背夹击。零售商们甚至还需要对付那些进店试穿的潜在消费者，但这些人体验、尝试后却只会在网上购买，这也赋予了逛商店新的含义。当机会主义者拥有了入侵系统，便能获取更低价交易的机会，他们可以无所不用其极地抓住这样的机会。

对行业的入侵

行业可以被视为该领域参与者所设计的系统。当系统存在缺陷时，它便会被入侵。根据定义，设计必须实现其利润最大化，而利润永远是惠及那些行业的参与者。所有系统都会随着时间推移而不断变化，而系统的结构需得到不断修正，框架也不断得以更新。我们正在经历着行业系统的彻底重构。而在这样的阶段中，入侵系统将获取最大收益。我们应该认识到，这些行业外人员最有可能成为该体系的入侵者。

营销领域一个老生常谈的规则是，新产品或服务的发起不应该吞噬现存产品的收益，除非新产品的利润率更高。而现在此类的营销信条已经不再适用。大多数高产量的商品随着利润的不断降低，已逐步处于消亡之中。因为利润不高而停止对某产品的创新将为能够接受低利润的新市场参与者打开行业大门。系统黑客也将进入市场，他们可以在互联网虚拟基础设施上进行经营，因此，便可以接受较低的利润。

我最喜爱的媒体入侵

由于不愿接受新的市场现实，因此，电视行业正在经历着黑客入侵。该行业将会记住这样一个关键规则：虚拟之物均无边界，因为人们可以通过黑客行为绕过那些由行业制定的所谓保证措施或者限制。生活在澳大利亚，意味着我们无法收看来自美国或其他海外市场的节目。通常情况下，诸如Hulu、Netflix 和 BBC 之类的网站会被阻隔，多半是因为他们和每个单独的市场签订许可证协议以获取更大的利润。然而某些组织试图隔绝不在目标区域的网络民众的做法根本行不通。黑客们只需使用地理阻隔器便能获得收看权限。这些服务能够隐藏获取数据的地理位置信息，或者让人相信他们处在某个特定的市场之中。人们还可以使用很多类似的网络浏览器的插件。而当某个黑客服务被关闭时，按照互联网规则，其他的入侵服务便会出现，以填补其空白。

此外，无论企业和知名品牌花费多大精力将全球市场划分为各个片区，但全球市场却越来越处于一个扁平化的全局空间之中。黑客们的故事得以传播，那些发现了黑客行为并与朋友分享，或在社交网站或博客之中撰文传播的人将获得社会信誉。一旦，某些黑客行为得以释放，他们便不会再回归到束缚之中。人们通过谷歌搜索便能发现具体的方法，这些经验会被善于抓住机遇的企业所获取，就像那些提供地理阻隔器的黑客一样，他们便会在此基础上提供满足细分市场所需的产品或服务，以供应市场。鉴于阻止行业之中的系统黑客行为可能性基本为零，更好的方法则是接受黑客行为带来的积极变化。

为何我们要自我入侵

在一个要么黑别人，要么自黑的世界中，最好的方法便是面对现实，然后进行自我入侵。市场之中关于自我入侵的最佳案例便发生在我们最为尊重的学习机构——大学之中。今天，任何人都可以在线学习任何知识。我们可以借助各种资源进行任何领域的学习：文章、博客、授课录像以及行业期刊等。我们甚至可以熟知任何领域中全球思想领袖的想法。今天，每个领域中大多数意见领袖都会在互联网世界里留下十分明显的印记，他们也愿意每天与其关注者们进行思想分享。这是学习的最佳时代，任何人都可以获悉世界范围内任何领域中最伟大的思想。你或许会认为这将动摇大学根基并将引发重要性之争。但恰恰相反，大学接纳了这个无法阻止的趋势并开始入侵自身系统。

率先而为的 MOOC

大型开放式网络课程（MOOC）是近期教育行业中兴起的最为有趣的再创造之一。MOOC 是一项在线课程，它并不设置参与限制，并完全对大众开放。它们是学习型课程，无论从哪方面看，MOOC 和大学生修习的课程并无二致，但却有着一个独有的特征：多为免费。

不仅教育行业的边缘参与者们接受了这一现实，美国常春藤联盟的所有学校基础都参与到了 MOOC 这场变革之中，哈佛大学、斯坦福大学、普林斯顿大学等名校均位列其中，而这种创新的趋势似乎没有停止的迹象。MOOC 课程的注册量令人惊叹。斯坦福大学即将发布的首批课程就是由全球思想领袖巴斯蒂安·特龙（Sebastian Thrun）和彼得·诺米格（Peter Norvig）共同讲授的《人工智能导论》（*Artificial Intelligence*），仅仅这门课程的注册人数便超过了 16 万人。我们很难想象互联网世界中的任何人均可以注册一门由全球最受尊重的教育机构中、最受爱戴的教育家讲授的课程，而我们不用为之付出通常需要缴付的数千美元的学费。

是的，但它们是非营利性的

也许我们会认为这一案例并不贴切，因为大学本身就是非营利性组织，它与商业组织不具备可比性。但这种观点站不住脚。事实上，虽然利润并未被分配给利益相关者，但大学却同样为之付出了成本并要用实际收入进行弥补，因此，这便形成了实际的商业风险，也是大学的前瞻性举措之一。然而，MOOC 的发起者和追随者们似乎并没有意识到这种全新的商业蓝图会进一步形成，那么我们为何不自己填补空白，并在系统重置商机时，接收新的收入流呢？这就是自我入侵中很重要的一部分。

如果我们可以入侵其购买流程甚至行业本身，为什么我们不能够入侵我们的工作场所和工作方式，并建立真正适合我们而非我们雇主的新体系呢？

CONCLUSION

碎片化时代趋势	黑客文化并非技术天才们所独享。便于操作的连接工具创造了一种黑客思维，人人皆可成为黑客。
碎片化时代商业影响力	如果某个商业体系可以被入侵，那么它就一定会被入侵，因此，我们最好首先进行自我反省。

The Great
Fragmentation
and
Why the Future of
Business
is small

第16章

移动办公和"云端员工"时代的来临

由城市至乡村，遍及四海 "云端员工"时代即将来临

福特主义之后 更好的聘用条件，而非华丽的办公楼

办公楼的终结 思想的传播

历史重演 办公楼的历史命运

工作地点选项 最后的工业遗址

　　长期以来，工作地点是人们选择居住点的关键因素。在人类文明的早期，人们群居群迁，顺应四时。那时，人们还未进入农耕阶段。而进入农业社会后，城镇乃至复杂社会随即出现，即人类文明的发源。接着，工厂造就了工业时代的现代城市。时至今日，人们的居住点都与保持工作点一致。即使在产业全球化的背景下，人们仍需奔波四处，洽谈生意。沟通交流形式有限，却别无选择。因此，人们的工作地点往往决定了他们的行踪，更划定了他们的居所。但是，如果工作地与其相关的工作人员不需要共处一地，那又会怎么样呢？如果人们可以不接近生产的工厂，而能调动一切生产要素，那又会怎么样呢？如果那样的话，人们就可以自由地选择工作环境和居住环境了。人们的选择将不再完全受制于经济因素，不再被资本家所左右，而今每个人手中都握有资本。资本分散在民间，人人皆有份，由此，世间景象也会随之改变，人们自身的分布格局也会为之改变。从而使人们的居所成为科技功能以及科技流动性的一部分。

由城市至乡村，遍及四海

工业时代，科技革命大多规模宏大、成本昂贵、聚集于某一处。新兴企业不得不围绕着中心地点而创建，人们不得已搬至那里，申请那些企业提供的高薪职位。生产制造也好，办公管理体系也好，皆是如此。人们不得不前往科技发达的地区工作，而打拼的成本相当高，人们只得聚拢靠近这些高薪企业赚钱，因此，会大量地涌入城市。另外，人们还得尽力地靠近自己的工作地点，因为那时的交通工具相当有限。在主要的工业化国家里，城中村在很大程度上反映了人们的居住环境。这些城中村没有私家车道，房屋之间几乎全是极窄的街道，房屋内的空间也相当有限。城中村的房子又叫"民工房"，就好像真的是专门为了工人而建造的。另外，大部分人步行或骑自行车上班，这也是受现有科技的影响。对于那些想要靠工业企业赚钱的人而言，并无太多选择的余地。要么靠近工作地点，要么失业。尽管在农村、在大城市的郊外地区，可供人们生活的空间更大，但如果人们居住在那儿，从那儿到市中心上下班就相当困难了。那时，人们的生活环境很大程度上取决于人们能够在哪里生活。

福特主义之后

亨利·福特发布平价汽车之后，大多数人能买得起车了，也萌生了回到乡村生活的念头。一时之间，人们不再因为工作需要而生活在城市了。人们能够驾驶着自己的小轿车去工作，人们的住房空间更大，后院、邻居、公园、超市、学校一应俱全，且空气新鲜，生活健康。有了私家车，人们对住房的选择也因此发生了改变。在工业时期，城中村曾是工人的"飞地"①，而到了 20 世纪晚期，城中村已破旧不堪，与贫民窟无异。谁还愿意蜗居在工业区内或高速公路旁，拥挤在狭小的木房里，听房屋嘎吱嘎吱作响，任门板梆梆作响？而如果回到乡村，生活质量就会得到大大提高，如此鲜明的对比，在人们心中，何去何从已相当明了。不过，这样一来，往返城市乡村间的道路又成为了人们的烦恼，而且大量排污企业则会沿海兴建，从而促使中心城市开始复兴起来。在过去的二十多年里，我在墨尔本曾经生活过的那个城中村房价从郊外乡村的一半价格升至两倍。其原因在于民众负担不起科技革命的成果（私人交通），从而造成人们不得不接近工作地点。

尽管如此，人们终将进入下一阶段，可以选择其居住的地点，而非必须在城市居住，因为科技革命的发展赋予了人们选择自己居住地的自由，可以自主创造工作场所，还可以抛开企业要求，根据个人需求装饰设计住房。而产业也会随科技革命而发展，也只有这样，产业才能获利更大。

办公楼的终结

当工厂出现时，办公楼也随之诞生，这种现象本身就很奇怪。的确，律师和会计需要办公楼，但他们的办公楼不应同于现在的办公楼，今天的办公楼数量庞大，整齐划一。然而，随着工厂受沿海低成本劳动市场的吸引而不断压缩规模，转移至沿海兴建工厂，办公楼的规模也随之扩大，数量随之增长，员工的数量也随之增加。那时的前景设想是，大多数发达市

① 飞地是指在本国境内的隶属另一国的一块领土。——译者注

场会从制造型产出转为知识型产出，这也是当今互联网时代延续的发展轨迹。

届时的办公楼会有些类似工厂，其运作设施（或者说办公基础设施）也很昂贵。企业进行商务活动的设施丝毫都不便宜。集中化确实能带来些好处，但节约成本不可能是办公集中化的原因之一，至少在今天是这样的。那么，为什么办公楼仍然存在呢？原因不可能是办公设备的成本，过去那些组建办公楼时所需的昂贵科技设备，如今基本上都可以在普通家庭中找到。今天，人们不再需要影印机与视频会议设备了。一度呼声很高的移动办公梦最终有了实现的可能性，当然，尽管这是一个缓慢的过程，但这个梦最终会实现。

办公楼的未来前景

毫无争议的是，任何能在办公楼完成的工作，现在同样也能在办公楼以外的地方完成。人们坐在电脑前能做的平常小事同样能在任何其他位置完成。在许多方面，如涉及人际交往的工作同样如此，即便在出于这样那样的原因，人们需要与工作伙伴同处一室的情况下也不例外。这种情况同样可以在虚拟环境下完成，尽管它不能与现实环境中的接触等同，就会议的功能目的而言，完全可以以虚拟的形式完成。因此，办公楼的前景不在于实现某些功能，而在于办公楼员工及其上司所共同期待的一种感觉。他们各自需求的细微差别决定了未来办公楼的存在与否，但是数据表明办公楼文化将大幅式地萎缩，而办公楼空间也会大大缩减。

办公楼职员

办公楼既是工作地点，也是社交场合，人们在那儿建立人际关系，不过办公楼对完成工作而言，还是相当沉闷的环境。

当然也存在一些很棒的工作环境，但事实上仅有极少数人能在梦寐以求的环境里工作，而对他们而言，那种环境更像是迪士尼乐园，而非人们熟知的办公楼。那样的环境只能是例外，那样的环境也只能在非常态的经济利益时期会延续，因为只有在那样的时期，人们才会肯花钱维持那样的环境。历史经验告诉我们：往往是那些高利润产业、企业能够提供最让人心动的工作环境，这是一种很显然的定式，这类工作环境也是违反市场常态的。

在每日营业的公司工作，意味着人们必须住得离公司近一些，以便每天往返，而且往往是要在交通高峰时往返。另外，办公楼的运营资金也非常昂贵。

人们需要花费大量宝贵时间奔波去办公楼上班。每个工作日花费45分钟的单程时间来回上下班，加起来会占用每周休息时间的7.5小时，而这7.5小时正是整整一个工作日最好的时光，就这样在交通运输中消失了、蒸发了、荒废掉了。消耗掉的不仅是时间，还有职工哗哗的钱财。为了去办公楼上班，人们必须花费大量的金钱在公共或私人交通上。花的这些费用是实打实的金额，无法抵扣税收，花费的由头仅仅是办公楼远离员工住所，而员工们不得不赶往那儿上班，仅此而已，别无其他缘由。另外，人们还得在住房上花更多钱，因为全部写字楼都聚集在同样的城市和同样的地点。而在城市工作的白领阶层报酬都相对高，所以人们买房的刚需也更为强劲，房价也因此被哄抬上来。美国旧金山市素来是科技投资者之城，科技革命造就了远程工作的可能性，然而该市却丝毫未受其影响，这颇具讽刺意味。以上皆是当前市场效率低下的表现，而运用目前唾手可得的技术，颠覆我们今天所熟知的办公室便是解决之道。

历史重演

如果说在过去，当时的科技决定了人们的工作地点，那么未来的情况也会如此。员工们想要改变工作地点，大大节省他们以及公司的开销。人们工作的地点将再次改变，只不过并非现在。等到时机成熟时，人们的工作地点会成为办公楼、住宅、移动点以及会议场所的碎片化组合。人们无论身处何处，都可以使工作得以展开，而非只有在规定的工作地点才能完成。这就意味着移动办公的时代即将来临。

工作地点选项

以下两种工作地点，您会选择哪一种？选择第二个是明智的。其实不用费脑子，正常人都会这样选。

- 选项一：仅因为规定就必须一周五天待在办公楼工作？每周在往返办公楼的路上花费宝贵的时间与金钱。每天必须遵守上班时间准时到办公楼，数百年来都是如此。每天离家上班前要换上职业正装，尽管很少有人愿意那样穿。不仅如此，还得顺应办公楼既定的地点或租或买那附近的房子。公司选址考

虑到种种因素，就是没有考虑到职工的情况。这听起来似乎不陌生吧？有点儿像是电视工业那种以产品销售为核心的时代。

- 选项二：去哪儿上班由你自己说了算：可以是合用的工作空间，或是你的家庭工作室，也可以是公司办公楼等，只要能连接上网络，哪里都可以。你还可以自主地选择

居住环境，海滩也好，湖畔也可，山林也行，空气清新，设施完善，甚至只要你乐意，就是住在城市里也可以，无需浪费上下班时间，无需在交通高峰期焦急愤懑，您只需在要见同事的时候去往精简的中心办公楼，通常每周一次即可。而且需要开车去办公楼的时候，你可以选择避开交通高峰期，这样既轻松又省时。另外，既然如何着装对你工作影响不大，你大可随性穿着。公司更重视的是你的工作成果，不会计较你在办公楼待了多久，所以你的工作时间可以视您自己与家人的情况而定。

"云端员工"时代即将来临

有人会反对，认为选项二不利于公司运营。他们认为这样做，公司会变得松散，无纪律性，无权威，没有领导或管理可言，员工手里权力过大。然而一个简单的事实即可驳倒他们：对公司而言，盈利比管理重要。

尽管这对企业而言，是一项重大调整，但在所有企业都渴望精简经营管理中的每个环节的成本。办公楼本质上与工厂生产、广告预算以及员工数量无异，其成本都是能精简就精简。大企业在此转变中获益最多。管理体系强大的公司往往处于成熟产业，相比之下，要达到高水平财务增长却十分困难。在此情况下，其运行成本就会颇受微词。缩减办公楼规模无疑是既可行又有益的解决之道。它甚至是降低人均人力成本、吸引公司所需要的人才的有效方法，并做到人工成本的真正降低。无论是从员工的发展历程来看，还是从公司利益出发，都指向彻底改造、高度分散的办公楼模式。

如果只是用时间或成本效益来解释员工为什么只是每天

根据需要或出现问题时才聚拢一处未免有些不妥。一旦有会议或是有信息要传达，围绕该会议通常会衍生出其他不必要的会议，也就是人们常说的形式会议。通常形式会议中并没有谁要做出什么实质性的决定，甚至有些会议完全是公共阅读大会，会议组织者召集股东在会议室过一遍某个项目流程，或是宣读一些通知。会上人们所讲演的 PPT 幻灯片或分发的材料，其实完全可以下发留后阅读，不必召集人们来会议室，浪费大家的时间。任何有过办公楼经验的人都清楚，如果说直接与团队接触有那么一点好处的话，也都早已被毫无意义的形式主义沟通所彻底磨灭了。

　　从前，需要信息时，人们会到文件贮藏室翻阅，接着转向家里的电脑服务器，再到云空间的检索。公司之于员工来说，也是如此。"云端员工"时代即将到来，人力资源会随之分散，员工们能够随叫随到，这对大家都有好处。

> "云端员工"时代即将到来，人力资源会随之分散，员工们随叫随到，这对大家都有好处。

更好的聘用条件，而非华丽的办公楼

　　未来的办公楼规模将会大大缩减，合作效率将会更加高效、更有利于创新，我们将告别那种规规整整、由小隔间组成的电力农场孵化电子鸡蛋的时代。在未来的办公楼里，人们都是自发而来，相互交流沟通，而且人们去办公楼完全是自愿的选择。对于那些接受分散人力资源做法的公司来说，因其员工只是偶尔在真正需要与人当面沟通时才走进办公楼，其客观空间的需求会更小。同时，由于空间缩小了，未来的办公楼创新精神将会增强，更利于激励员工创造价值，而不是以往人员仓库的模式：员工规规矩矩坐着，电灯亮着，空调吹着。未来的办公楼将成为沟通联系与激励创新的空间，不再仅仅是上班工作的地方。未来的工作可以在别的地方完成，具体位置将取决于员工的情况，而非老板的选择。

思想的传播

的确，人们走进办公楼不仅是为了工作，还是为了与他人进行沟通与交流。但是办公楼里的社交行为是一种病态的症状，不是目的所在。无论人们在哪儿聚集，都会有社交行为，有观念的传播。一旦人们在办公楼工作的时间少了，人们的社会需求与思想交流在那儿无法实现，就会在其他地方进行弥补，如创意空间或联合办公中心等。事实上，重要的不是与其他员工的交流，而是与一般意义的社会人的交流，并不一定局限于一家公司范围内。在零散型的工作环境下，与外部社会的交流更加有价值。而在互联网的世界中，员工周围的人都有着不同的世界观，来自不同的国家，专业领域也不尽相同，这才是公司需要实现的氛围。反之，强制按照公司的某项发展蓝图中的文化思想绝无价值。思想更可能在新鲜多样的环境里相互渗透、进行传播，这也是企业在革新时期所需要的。新兴的联合办公环境即是一例。

办公楼的历史命运

正如人们生活中发生的其他事情一样，民主形式削减了少数人的权力，为大多数人提供了选择权，该形式也会成为办公楼的范式。与生产过程中的其他因素一样,办公楼与公司工作形式也无法置身事外。同样的力量发挥着类似的作用。从综合纵向到分散、自主选择、以人为本的形式转变将会或者说已经开始发生。人们从农场村庄转向城市,再回到乡村,接下来可能转到地区卫星中心。再接下来,人们的居住点很可能是兼顾精致美景并靠近大城市的地级中心。人们在享受城市生活的一切便利的同时,不必居住在城市里。这将是移动技术所带来的又一项福祉。我们生活会变得更加灵活,尽管这并不一定适合所有的人和工作,也不代表着我们会刻意想要离开城市。只是届时,人们能够自主选择适合自己的职业与生活方式,不再根据公司的要求而决定自己的居所了。

最后的工业遗址

办公楼作为最后的工业遗址,需要彻底改变。就连其名称"办公楼"都是错误的,因为这三个字听来太公式化,满是条条框框。要是说办公楼真有那么大价值的话,为什么众多的前沿新兴企业却舍弃了办公楼?为什么原本大量位于沿海地区的白领职位转向低劳动力成本的市场?答案就在于企业家以及明智的公司知道办公楼运行成本高,明白办公楼已不适应时代的发展,而对于信息技术员工而言,择有更好的选择,尤其是如第 2 章所提及的,我们已经进入了项目员时代。

尽管工作流程持续简化,但工作类型与形式却在持续不断地变迁。公司很快会意识到他们不再需要员工。明智的企业会意识到,他们需要的是完成任务,实施项目,进行管理。而在相互连接的互联网世界中,公司不需要花钱雇

在相互连接的互联网世界中,员工的角色将被碎片化和分裂为零散的项目。

人每周五天完成这些工作了，因为公司本身就可以按需获得所需技能与服务，并且大幅降低其中的摩擦损耗。尤其考虑到员工作为企业成员，其薪水中也包括了其休息期间的薪酬，但实际上，其休息期间并无产出，也未对公司创收作出贡献。需要记住的是，企业花钱雇用员工是基于员工可以为公司创造的价值，而不是以员工坐在办公室里所耗费的时间为准。若某位员工完成一项工作用了五天，酬劳 X 美元，而实际上该工作只需三天时间就能完成，那公司应该用该员工四天的薪酬另聘一位项目人员，通过外包形式削减公司的开销。一般来讲，每个员工的实际开销是其薪水的两倍。在相互连接的互联网世界中，员工的角色将被碎片化和分裂为零散的项目。

很难说清为什么人力资本不能作为待命的资源，而就其他众多生产要素而言，也是如此，人们能够得到却不能占有。对于许多纯互联网的工作任务，情况也是如此。而对劳动力市场实行外包，如电子职务 ①（Elance）、oDesk、自由职业点 ②（Freelancer）等外包服务的出现并非投机取巧的互联网职业。它们的出现证明了职业模式也已随着大规模经济的转变而转变，随着劳动力的损耗降低而转变，新型的职业模式即将到来，这意味着职业流动性更大，自主性更强。在"流动性劳动力市场"中最大规模的客户是世界最大型的企业。低损耗而高效的劳动力市场为全球每一个人进一步独立自主创造了机会，为雇佣者与受雇者提供了更大的获利机会。

未来发展的工作类型是项目人员类型。项目人员不是真正意义上的公司员工，也没有运营公司，他们是互联网平台上的自由职业者，拥有新型经济背景下所需要的工作技能，

---

① 电子职务是全球最大的外包服务站点之一。——译者注
② 自由职业点是世界上最大的小型企业外包和众包市场。——译者注

如用户体验咨询、应用开发员、大数据研发、社区管理、云服务、在线课程、3D 打印设计及现在尚未出现的工作。这些都推动了当今日益碎片化的世界。

现代政治最大的误区就在于想要缩减工作，在当今世界，打猎为生的人毕竟是极少数，而缩减工作将导致纳税人的钱被错误地配置。更加行之有效的方法是促进新型工作的转变。结构性失业问题是永久性的、一直变化的猛兽，在社会经济结构改变时，它将以更快的变化速度出现。在未来几年中，人们要赖以为生的工作幅度将会呈现惊人的增长，这也意味着巨大的机会让人们的工作性质、工作模式更加人性化。

不但项目人员会从工作中获得比一般职员更大的成就感，而且其收入就时间成本而言更加丰厚。与此同时，公司也能节省成本。另外，公司与项目人员双方都不会在心理上依赖对方，这样能做成更富有创造性的工作，也是更好的生态系统。

就连那些最复杂的项目都能在虚拟环境下完成 (最复杂的项目需要应用新兴互联网世界里所有的工具)，即便项目参与者生活在不同的时空也是如此。

CONCLUSION

碎片化时代趋势	科技革命已经决定了人们的居住点。人们未来的居住点将更加分散，这是科技革命带来的结果与要求。而居住在城市里将成为人们的选择之一，而非必要要求。
碎片化时代商业影响力	人们会重新定义工作模式、工作地点、产品传递方式及运作地点。人们会接受不再群聚而采取分散的居住模式。

The Great Fragmentation

and Why the Future of

Business

is small

第17章

从创意到产品：互联网产品发布

互联网史上的"新低点"

互联网世界中的坚持者

有关航天学的市场营销

超级酷炫的微计划

沙漏策略

人们的动机

以开放的姿态探索未来

有时候，只有亲身经历后，才知道自己做到了什么，才知道会有怎样的价值，也才明白这种经历会有怎样的影响。我曾遇到过一个罗马尼亚人，我们的故事也是碎片化时代的事例之一。

故事要从一个普通的请求开始：一个发展中国家的陌生人向我发出了一个募捐求助。他向我保证一定把钱用于善处，也承诺我帮了他，一定会得到好处。于是我给他捐了钱。而他也信守了诺言。这听起来真的很难置信，我自己也没想过。但事实确实如此，而且还不止于此。

互联网史上的"新低点"

劳尔·奥伊达（Raul Oaida）发来的第一个好友请求并不常见。他在网络电话软件 Skype 上发来好友请求："嗨，我要造一艘太空船。"这一下子就吸引了我。这样一句老派套近乎的话在平时收到的好友请求里显得很奇特。于是我点了"接受"键。怎么会有人不接受呢？我当时以为他或许是读了我博客里的东西，为我的思想所鼓动，或许知道我的某些创业经验，或是读了我发表的文章。无奈事实证明，他的思想比我想象的复杂多了。他想要通过我联系上颇有名气的技术专家、风险资本家以及宇航员（接受过培训）埃丝特·戴森（Esther Dyson）。

劳尔经过繁杂的网络调查，发现我和埃丝特有点交集。我和埃丝特在 WPP 集团 Stream 大会（由世界最大的传媒集团 WPP 主办的互联网媒体盛会）认识后，便在 LinkedIn 和 Twitter 上进行互动。埃丝特是 WPP 集团董事会成员之一，而我是他们的某一广告代理商的高管。劳尔希望通过我联系上埃丝特。知道吗，他最终如愿以偿地见到了埃丝特本人！我得说这是互联网史上的"新低点"：宇航员搭乘社交媒体在地球漫步！劳尔希望埃丝特投资他那虚构名为"十月天空计划"的火箭项目。他计划应用新技术建造一个亚轨道火箭，预计耗资约 1 万美元，而且他很有自信，认为自己一定能做得到。

后来，他终于联系上了埃丝特（他通过其他途径知道了她的邮箱），埃丝特也给他回了邮件，但她不打算投资。劳尔没有放弃。他告诉我在我接受他的请求前，他还给超过 100 人发了同样的请求，他们包括投资者和科技权威人士。

互联网世界中的坚持者

不久之后，我便发现劳尔不是轻言放弃之人。在其他人都拒绝了投资请求后，劳尔转而游说我支持他的计划。我告诉他我不过是风险资本与科技世界的一名小卒，但他仍不放弃。每天只要我一登录上线没几秒钟，便会听到 Skype 发出"嘟喔"的提示音。就好像他一直在等着我上线，或者已经设好定时提醒一样。要知道我上线的时间几乎是罗马尼亚的半夜时分，于是我们开始隔三差五地在 Skype 上聊天。很快我发现他之前完成过一些项目，能够证明他的技术能力，或许还有他那股执着劲儿。他已经在自家后院建了一架小型喷气发动机，还用自行车打气筒改造了一个蒸汽发动机，另外，他还学过飞机驾驶。看来他是能成事的。慢慢地，我开始相信他了，不是他说的话打动了我，而是他完成的这些事情说服了我。他用 Skype 视频电话给我看了证据，也发来 YouTube 视频向我证明。而就在前几年，这些互联网平台都还没出现，他也无法证明自己。有了这些平台之后，情况就不一样了，他还把自己的"十月天空计划"书用 PDF 格式发给了我。

有关航天学的市场营销

最后，我告诉他，我还是不能凭此就在这个项目上投入 1 万美元，不过我告诉他，如果能达成共赢的话，我愿意和他从最小的项目开始合作。他提议送一个氦气球进入近太空区域。他说氦气球可以上升至 30 000 米外的上空，然后在那儿俯视地球留下影像，成本不超过 1 000 美元。接着他还说，他的动机就是想做点科研实验，而我可以负责营销。简言之，如果我愿意资助这个项目，他授予我影像版权，也给我权利决定送什么上太空，影像记录下什么也可由我决定。成本之低超出了我的预料，1 000 美元几乎只是一部 GoPro 运动相机售价的一半。

因此，我也在这项计划书里加了些有关航天科学的市场营销建议。剧本里最老套的伎俩也常被视为"人气借用"策略，即将某一活动计划与其他事物相关联，以利用后者的人气。最终，我决定复制一辆乐高玩具航天飞机，将其发送到近太空，借此向航天飞机时代的结束致敬，只不过我们用的是玩具模型（见图17—1）。这样一来，我们的项目就吸引了航

图 17—1　人人皆能上太空

天飞机爱好者与乐高玩具迷。

　　无意讽刺什么，只是一个是罗马尼亚的少年，一个是墨尔本的营销商人，俩人合力成功地向太空发送了东西，还在30 000米的高空上拍下了影像，带回了地球，而且耗费成本居然只比澳大利亚人均工资略高一点。我们的最终成本不到2 000美元。然而，几乎在十年前，这样的项目成本绝不低于100 000美元。在太空环境内，摄像机的分辨率要求非常高，还要能够经受得住那样的撞击，耐得住那样的气温变化，在那时完全不可能。而我们所用的全球定位系统仅花费39美元。甚至于我们的氢气球都是在易趣网上从美国下单，再船运至罗马尼亚，这些在互联网出现之前都是不可想象的。由于相关成本的急剧下降，太空竞赛中的创新均来自私人操作者。

　　我们的这个项目吸引了全球的目光。拍下的影像在YouTube上病毒式地传播开来，还在主流媒体上赢得了大幅版面。数百万的网络点击率为我们打响了名气，此方式与当年的常春藤联校招收管理硕士的方法如出一辙。我认为浏览一个科技或商业项目视频，比看十个萌猫视频更有价值，主要原因是前者能让人有所收获。前者是阳关大道，而后者不过是打发时间的消遣节目。

超级酷炫的微计划

于是我们乘胜追击，决定实施下一个计划。我们想要用乐高玩具组建一辆正常大小的赛车，而且还要让这辆赛车能开，配置有乐高玩具做的空气发动机。尽管这个计划听起来有点疯狂，但即使计划尚未实施，我们也坚信它一定能成功。因为计划所需的全部零部件都是现成的，只是过去没有人把这些东西如此拼凑在一起罢了。这也是营销中的一个经典"黑客"策略，此前，就有人完全用乐高玩具组建过正常大小的赛车，只不过是不能开动的摆设品。也有人在技术领域用标准的乐高玩具组装了小型发动机，空气发动机也有人组建过。我们也在网上看到过用乐高组建的迷你模型。当下需要的工艺就是把这些零部件重组，创造出新东西来。的确，这项计划费钱、费时、需要技巧和进行筹划，但一旦这些能得以解决，就一定能成功。

于是，我们增加了这项计划的预算成本：20 000 美元，耗时 1 个月。金钱与时间成本最后都有点超过预算。但我坚信，如果所有人都没有低估计划时间和资金成本的天性的话，那我们恐怕现在还住在岩洞里。我们应该感谢我们低估预算的天性，否则，我们绝不可能着手实施任何计划。不过，我还是没有信心投入这么大笔资金，为成人建造一个大型玩具车，因此我决定利用个人社交网络发起众筹，以筹集资金。考虑到这笔投资项目是"技师黑客"类型的，无论投资和产品上都不会体现明显的回报，那么要在网上众筹，难度就很大。因此我转向 Twitter（见图 17—2）。我发了一条推文，就从 40 个本地赞助商处筹集到了 20 000 美元，这些赞助商都不是百万富翁，却都身处科技革命的大潮中。

史蒂夫·萨马蒂诺

@sammartino

有人愿意投入 500～1 000 美元,支持我们的项目吗？项目酷炫,
世界首创。合作伙伴热招中。

（约 20 个）# 企业资讯

3 月 12 日中午 12:07

图 17—2　关键一"推"

　　同时，我还上传了一份自拟的招股书，借此告诉他们，
这个计划正是为他们这样的有识之士量身定制的。所谓的招
股书里甚至连项目具体内容都没有。但近一半投资者都只是
看到了那条推文就投资了。

　　我之所以能够如此容易地为这个项目筹集到资金，主要
得益于之前项目的知名度信誉以及个人品牌的作用，尽管这
些信誉知名度规模都不大，甚至是小规模。我为这个项目取
名为"超级酷炫微计划"，作为品牌，这个名称很长很特别，
是属于人人喜爱且容易记住的类型。当今世界的所有事物都
在日益细微化和简要化，这样一个看上去有点离奇的项目名
称完全与主流趋势背道而驰，但似乎能得到帮助记忆的效
果——有点像那个超长形容词"人见人爱，花见花开，车见
车爆胎"[1]。单是这个名字就会让人们感兴趣,并产生与我联系
以了解更多情况的念头。就这样，我们的项目开始渐入佳境。
而当人们问我为什么他们要毫无回报地投资我们的气动式乐
高车时，我是这样回答的：

---

[1] 原词为 supercalifragilisticexpialidocious，由 34 个字母构成的单词，源于
1964 年迪士尼歌舞电影《欢乐满人间》的同名插曲，本义类似于"奇妙、
特别好的"。美剧《金装律师》（Suits）里出现这个词，字幕组将其译为
"人见人爱，花见花开，车见车爆胎"。——译者注

"在 GFC^① 的标准内，位于底特律的汽车企业三巨头搭乘私人飞机前往华盛顿，向美国国会申请资金。然而，他们如果知道未来会发生什么就不会这么做了。而我们在这里众筹的对象是一辆由一个罗马尼亚年轻人用玩具组建的环保型汽车。未来，我们的项目一定会轰动世人！诚邀您加入，让我们携手成就工业传奇。"

当然这里边多少有些夸大的宣传成分。但人们听到这样的话，都会慷慨解囊加入我们。

在接下来的一年半时间里，劳尔为了实现组建出一辆可供驾驶的乐高车的承诺，花费了大量的时间和精力。他没有技术蓝图，没有工程师的技术协作，也没有别人的任何帮助。他几乎每天工作 18 个小时。他仅有的技术知识都是通过自学而积累的，有些是来自网络信息，有的则是在线视频教学，其中对他帮助最大的自学平台是 YouTube 网站。他一边工作一边自学，这也说明碎片化的非正式教育正日益成为高水平人才的培养平台。碎片化的自学形式把教育推向民主化的新阶段，也打破了常规教育的局限。能用网络，就能学习到世界顶尖的知识，还能自主选择教学计划。

最终，劳尔成功组建了一辆与真车大小的乐高车，我马上让他乘船将车运到澳大利亚来，与庄家——赞助商见面，乐高车是在他们的支持下才有了实现的可能。然而为劳尔申请来澳大利亚的签证并不容易。罗马尼亚一直被视作是非法移民出境的频发国家。我们最初申请了好几次都被拒了，原因是有移民嫌疑，因为他身份特殊：既不是学生又不是严格意义的在职人员。直到最后，我们以特殊原因申请才成功得

---

① GFC 是美国国家期货协会成员。GFC 是外汇交易市场中的主要做市商 (PMM)，代表了当今世界外汇交易行业中的最高标准。——译者注

到工作签证。不过，这也再次证明，当今工业政府结构并未创造出良好的环境，也没能为泛全球企业项目与跨境跳槽提供便利。

很明显，这次的预算已用完。尽管我实际投入的金额是先前预计的一百倍，但我们的最终成果也远远超出了先前的预计，我们完全利用寻常

> 他一边工作一边自学，这也说明碎片化的非正式教育正日益成为高水平人才的培养平台。

的乐高玩具做出了空气发动机，这辆极速乐高车 3 米长，速度能达到 20 迈。由于这辆车在运输过程中的确有些损毁，我们最后是在澳大利亚重组了车的大部分零件。

最终，我们发动了这辆车，并进行了驾驶测试，为这个庞然大物的行驶录制了视频，经过剪辑后，将这个简短视频上传到了 YouTube，从而把"超级酷炫的微计划"向全世界推广。你上网搜索"真车大小乐高空气发动车"，即可观赏该视频。为了与启动该项目时的那关键一"推"呼应，我转发了原先众筹的那条推文，向全世界发布这辆车。那条转发推文就是我发行视频前的唯一推广行为。紧接着，另外 40 名赞助商也转发了那条推文，我们还上传了那个 YouTube 视频，并附上了我们的主页网址，内有相关背景资料。片刻间，这就迅速成为了全球新闻，很快吸引了数百万计的关注，也成为全球各类媒体新闻的报道对象。

市场营销的优势不仅在于做了什么，还在于其采用的方式，在于创造出的各种卖点。这也是在数据泛滥成灾的世界中赢得人们眼球的方法。"超级酷炫的微计划"卖点多多，包括以下内容。

- 相互连接的世界。泛全球项目只在后互联网世界中可以实现。
- 全球化趋势。互联网世界让

人们通过宽带与各个国家连接，消除了物理上的界限。

· 科技革命。那些大量应用科技的项目更受媒体关注。浏览《福布斯》杂志、《华尔街日报》和《纽约时报》的商业科技版块就知道了。商业、科技这两个先前各自独立的版块，如今相互交织重叠的报道越来越多，这点足以说明这一趋势。

· 社交媒体。应用新兴社交媒体平台。故事先由大众应用展开，再进入主流媒体加以转述。如今主流媒体相当依赖自媒体平台。

· 玩具组合。一个组合"成人"玩具的项目打破了年龄界限，深化了参与年龄多元化的局面。

· 代沟。一个少年和一个成人组合共建了一个"黑客"项目，证实受众统计分类准确性正日益模糊。

· 少年天才。能够将天才与小孩联系在一起的只有自由媒体平台。

· 众筹。快速增长的空间往往大于它所受到的关注。金融行业自身也在寻找例证，证明自己如何改变宏观环境。

· 汽车产业。当一个产业在苦苦挣扎时，任何形式的创新（且不论其作用）都可作为参照。"超级酷炫微计划"在那时就占据了全世界汽车媒体频道的版面。

· 生态型发展。虽然能源产业的相关科技已经相当老旧了（如我们的空气发动机），但是各式各样的能源类型及其应用，尤其是对交通领域而言，还是为新闻报道即舆论热议提供了平台。

· 创客运动。随着互联网由纯虚拟环境升级至现实环境，创客运动与制造业 2.0 也在寻觅运用精益化生产方法的人，以制造出有实际成果的产品项目。

· 新兴的互联网工具。每当我向媒体提及我们的这个项目时，我都会告诉他们其中所应用到的所有用于沟通和管理项目的工具在十年前根本不存在。许多人对此都感到相当吃惊。

· 发达国家与发展中国家相遇。在过去，我在劳尔的这个年纪时，会与来自他们国家的人各自生活在冷战的两端，要认识他的可能性微乎其微。而个人间多种合作的兴起，缩减了发达国家与发展中国家的收入差距，在很大程度上说明了权力已由少数转至大多数。而我知道只要我们能按计划组建起乐高车，再成功让它行驶起来，这个项目就能为世界所瞩目。

想要成功实施一个项目（以媒体"黑客"的形式或是其他炒作的心态），只需短短几小时就能判定该项目是否能成功。YouTube 上病毒式传播的热门视频其浏览量往往停留在 300 左右的上限。究其原因，用 YouTube 所属集团谷歌的话说，那就是：

有时候，视频浏览量可能并不完全正确。为了对视频发布者与广告商双方公平，也为了保证用户体验良好，有些浏览量被视作无效而不被计算在内，这一考量确保了最终显示的视频浏览量都是高质有效的……

在 YouTube 上发布的视频浏览量能停留在 300 就已经是该视频计划成功的标志之一了。该数据表示，如果一个视频的点击率过高，分享过于频繁，YouTube 不得不就此进行调查其中是否有猫腻。这也是所有视频发布者所期望的，因为这最能说明该视频计划很可能已经达到了预期的关注度。

沙漏策略

考虑"超级酷炫微计划"中所有启动因素时，我意识到这些启动因素必须要有特立独行的包装。一直以来，人们把发行产品过程的营销形象比作漏斗：一方面，上宽下窄的漏斗形象比喻多媒体输出的大幅度营销和信息都指向单一的产品；另一方面，颠倒过来的漏斗形象则比喻让品牌信奉者来

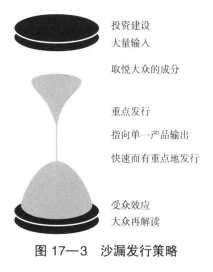

投资建设
大量输入

取悦大众的成分

重点发行

指向单一产品输出

快速而有重点地发行

受众效应
大众再解读

图 17—3　沙漏发行策略

鼓吹产品。两种发行方式在我看来都过于局限了。如今，好的产品发行更像是沙漏的形状，我称之为"沙漏发行策略"（如图17—3 所示）。

简言之，首先需要输入大量值得讨论的事物和兴趣点，在发行与推广成本方面投入资本以生产出这些产品。这一过程即是沙漏的上半部分。在一个供过于求、高度连接的世界里，重点即在于此。

接下来是发行产品。把产品原汁原味地投放市场，并将关注点放在单一的兴趣点或发行市场。

自此，市场将根据产品的关注度、时效、传播、解读、跨界以及其他消费该产品的财务效益为产品估值。

如果投放到市场中的产品物超所值，那么该产品的覆盖面就会更广。市场不仅从信息意识角度定位了产品，还会从分销合作方面作考量。产品得到的关注大大打开了各种商机，因为相互连接的世界也在为平衡产出找寻方法。人们来到互联网的门户端，想要发布自己的产品、销售产品、授权产品、改进产品并进行再生产。产品发布后所带来的惊人产出，与发布前惊人的投入密切相关，尽管这种方式所达到的效果是传统的重磅宣传都难以企及的。而且有些产品的广告宣传内容天花乱坠，但实际产品不过如此罢了，这样就更加印证了以上观点。广告宣传是产品发行的基础，但是华美的广告包装下往往是低质产品，而忽略了产品本身。

如果沙漏策略应用失败，这就说明这个产品很可能并不是人们所需要的，或者不是大众期望的。因此，在决定发行任何产品前，应该考虑到在当今互联网世界的背景下，所需要的产品应该是高于必需品的水平。另外，如果在 YouTube上有了 300 的点击量，那就说明该项产品发行是正确的，而这一点在一个小时内就能见分晓。以上对于正致力于推广产品的市场营销人士而言相当重要。只要能将精力专注在创造好产品上，而不是如何把普通产品包装华丽，终会收获更多的关注。当然，也能节省下大量用于市场推广的资金。

后工业时代市场已经有了实实在在的改变。大多数时候，大型企业的投资是错位的。他们投入了很大一部分资金扶持那些普通的产品与服务，极力想打动消费者。事实上，他们应该投入更多的资金，进行产品研发，互联网媒体平台自会把好产品推广至世界。有意思的是，只要大众喜欢某一广告，该广告本身就会变成卖点，而广告本应服务的产品反而受到冷落。有时，人们觉得这广告有意思有价值，就会分享给身边的亲朋好友，并在茶余饭后人谈论这个广告。这时，广告本身就成为了实实在在的产品，因为广告获得了产品应达到的关注效果。但这个用处不大，因为广告商极力销售的是产品。我把这种现象归结为"超级碗倾向"。当我听到有人说"这广告真不错"的时候，我会问他们几个问题："这是什么牌子的广告？""你会买他们的产品吗？"

如果这两个问题回答不出来，那么这个广告似乎也就没那么精彩了。或许这个广告还是有趣的，值得谈论，现在众多才华横溢的导演也会考虑精简预算，然后拍出所谓的广告片，但广告终究不是电影。广告的主要目的还是在于影响行为、改变行为，或者恕我直言，就是要卖商品。如果达不到目的，广告也没有价值。

人们的动机

劳尔和我都不是车迷或乐高粉丝。车和乐高玩具都是我们借以证明自己的工具。很多人问我该项目的预计商业效益是多少。事实上，我们压根儿就没打算用它赚钱。项目的最佳成果本该是项目本身，即我们想要完成这个项目的愿望，这个愿望最终实现了，这就是我们最理想的成果。当然，我们也知道这可能会有些经济利润，但是经济效益只是结果的表现，不是项目的动机。

人们并没有想过要从发达国家中获取些什么，也已经在物质上不缺什么了，那么大众最关心的应该是赋予感情的产出。是那些富于激情的项目计划让人们加班加点仍无怨无悔。其实这一直以来都是最重要的。只不过，如今的经济状况又让人们慢慢意识到了这一点。正是这样一个动机赋予了科技革命时代以人性智慧的光芒，让我们有了维基百科、Linux 操作系统、乃至博客圈等互联网资源。其目的都是创始人想要为他人创造价值而实施计划，往往是搭建平台为他人铺往成功之路。

蒂姆·博纳斯 - 李爵士（Sir Tim Berners-Lee）创建了万维网，给世界一份大礼，而互联网也成了人类高效、巨额财富产生的平台。驱动我们的是人类真实的沟通、合作和社交需求，我们希望为人重视、为人感激并为人所需。尽管很多人误将经济成就视为填补内心需求的方式之一，但是明智的创富之道还应该是以满足人类需求为目的的计划实施。

以开放的姿态探索未来

不求经济回报地从事某个项目，还有一个更深层的战略原因。那就是只有在无计划、随机的探索中，才会有意外的收获。只有当个人或是企业虚怀若谷，秉持好奇探索的心态，才会有真正的发现。商业是时候放低姿态了。未来商业的飞速发展，使其发展轨迹常常会出人意料，这时商业也应该避免妄图预测一切，而是应该把资本都用于纯粹的探索中。奇怪的是，我们只是在科技与自然资源领域中看到这种趋势，但事实上，在世界的每一个角落都有很大的探索空间。进行探索发现的是人类，这也正是人类会生活在地球各个角落的原因。在人类的探索旅程中，无人区的无限财富以及前所未有的自然资源才得以开发。很明显，人类探索所创造的生态系统远比利益驱动下的生态更加丰富多彩。然而，在大多数现有的企业中，这一点往往被忽略，因为大多数企业领导都没有勇气承认，而且目前的公司文化也不允许。如果人类仍以利益为核心，那么市场流动的商品永远是当今已有的商品，越卖越多，只不过成本以及我们已经掌控的进行杠杆化的能源也会被削减。尽管以上观念都完全成立，但是仅凭这些观念，人们是开拓不了新兴领域的，也无法收获未来的利益。

　　当今世界所有人包括小孩在内都能应用科技成果，于是我们不得不追问我们的企业竞争对象究竟是谁。是我们理应衡量的市场份额吗？今天的市场是否已经开始自主选择了？

CONCLUSION

碎片化时代趋势	分布式连接平台突破了地域限制，让志趣相投的人聚集在一起。
碎片化时代商业影响力	受众、职员、供应链、收入来源及其他投入都已无法按照地理区域分析预测。今天的市场已经开始自主选择了。

The Great Fragmentation

and

Why the Future of

Business

is small

第18章

颠覆传统行业的创新者

愚不可及的市场份额说

线性式的工厂思维已不再适用

软件正在吞噬世界

颠覆传统行业的创新者

通过基础设施重新定义产业

与竞争者合作

并购并不能消除潜在威胁

改变的步伐

内部风险投资

冷战思维

忽略资源和自我干扰

现代营销的发展和各种形式的企业管理诞生了一系列的绩效指标，以便让经理人员能够评估自身、品牌和公司的工作成果。这些绩效指标大多数来源于自然，取自于我们在农业社会中所使用的基础测量工具，正是这些工具让我们能够填饱肚子，还能在之后的季节里进行贸易。使用这些工具在过去是一件十分合理的事，在未来的一千年也会同样适用。我们脑海中不由地浮现出收成、增长率这些简单的评估模型。但到了工业时代，度量指的却是市场份额。某品牌或某公司在市场上拥有百分之多少的市场份额？市场份额的增减情况如何？其增减表现出了怎样的相关业绩？

愚不可及的市场份额说

把市场份额当作一种度量的问题在于，它往往给人一种错觉，不能客观地反映公司在市场上的真实表现。为了判断市场份额，需要一系列的假设以建立测量框架。

公司首先要求具备以下元素：

1. 对市场有清晰的界定；

2. 以某种产品或服务来界定市场；

3. 市场通常会细分为更小的产品或服务，从而组成一个总体体量更加庞大的市场；

4. 有明确的分销渠道、销售来源和可被测量的市场份额；

5. 必须有一些已界定的、服务于同一市场的竞争对手。他们需要明确竞争对手的身份，需要在同样可测量的渠道销售。

6. 需要有相对应的测量工具。以往像 AC 尼尔森这样的大型调研公司都有一套专门用来测量的系统。

上述关于判断市场份额的要求，也让我们看到了在目前变革的时代中这种测量方法的问题所在。一旦生产的要素和分销的方式被颠覆，那么我们在决定测量对象时就必须慎重。我们通常测量的渠道、产品类型以及系统，会随着改革的巨变而消失。

线性式的工厂思维已不再适用

市场份额会造成公司业绩虚高的假象，而且会让企业将注意力都放在过去和现在的业绩表现上，而不是将来的业绩表现上。某个特定的、可知且可预测的市场拥有一批特定的参与者，他们进入市场的方法在过去二百年间从未改变过，甚至在未来这些方法也很有可能被沿用。这就意味着所有的参与者极有可能有相同的生产方法、销售渠道、雇员背景、广告促销以及客户群体。这一切的假设前提是，市场是可知的并已经被界定的。这种线性式的工厂思维如今已不再适用。在当今的变革时代，由于市场迅速演变，企业需要拓宽自身的视野，将注意力转移到客户需求上来。

软件正在吞噬世界

首个可视化网页浏览器"马赛克"（Mosaic）创始人、如今的风险资本家马克·安德森（Marc Andresseen）说过一句很有名的话："软件正在吞噬世界。"他认为任何产业都可能或即将受到软件应用的颠覆，所有产业都正在受到我称之为"四美元技术"起家的初创企业的攻击。任何人只要有一台笔记本电脑，有买杯拿铁咖啡的 4 美元资金，有无线网络，就能立刻变成企业家。他们甚至可以不是软件工程师，因为他们可以把软件项目外包给世界上数百万低成本劳动力市场网站中的任何一家。

这些创业者想要入侵原有的产业。他们需要找到原有产业运营中效率低下的部分，通过技术优势加以改造。其目的就在于消除效率低下的部分，为自己建立全新的市场，让市场更加透明，流动性更强，并能够深入接触最终用户。通常他们的做法就是忽略任何已有的和已建立的成果，也不在意之前与顾客之间的联络是如何达成的。事实上，他们也必须忽略这一切，这才是排除干扰的唯一出路。他们只能从业内人士看不到也攻击不到的地方入手。他们想做的正是新产业很早以前就已经期待的事。任何已经联网或即将联网的产业，无论大小，要么已经被颠覆，要么即将被颠覆，无法再维持已有的形态。

颠覆传统行业的创新者

睿智的企业要从侧面才能看到自己所处的产业是否在前进，而不是光盯着科技革命前的那些竞争对手。下面列举出了一些被对手曲线超越并颠覆的品牌和产业，其内容还在不断地被刷新。

- 维基百科。很显然，《大英百科全书》与《世界全书》并没有意识到维基百科的来临，任何人都没有，即便是其创始人吉米·威尔士（Jimmy Wales），对此也是始料未及的。他在写给朋友们的第一封有关维基百科的邮件中，邀请他们写一条维基条目："请写一条你的专长，写得搞笑一些。"于是，他们不仅这样做了，而且证明了大众比专家知道的更多。维基百科代表着最新、最准确的百科全书。这种破坏式创新的商业模式的例子不仅仅发生在百科全书上。

- 谷歌。黄页现在的名声就是投递来的一本厚厚的黄色纸张印刷品，最终注定会被扔进垃圾桶里，它与搜索引擎相比，早已是天壤之别。并不是报纸不分类，而是搜索引擎与黄页的功能趋同：解决生活中的问题。等到黄页对其产品进行改造时，它早已经失去了先机。

- 空中食宿（Airbnb）。酒店行业可能从来都没有想过，P2P 的民间住宿会成为市场的一部分。这种住宿方式本身甚至不需要任何不动产。希尔顿酒店或喜达屋酒店集团几乎不可能把空中食宿看作威胁，而且在高端、豪华或商务型酒店这一市场中必然也不会带来挑战。但是空中食宿不仅出乎意料地豪华，而且其商务旅客的数量也在不断地增长。如今空中食宿的品牌价值已逾 100 亿美元（空中食宿在 2008 年才出现）。

- 优步打车（Uber）。租车打车行业遇到的首个干扰便是来自车辆的共享服务。这一招打得整个行业措手不及，主要参与者只好通过并购，以抵御外来的威胁。而现在的问题是，赫兹租车（Hertz）、安飞士租车（Avis）这些公司是否在评估优步打车这个既不用买车也不存在雇车成本的竞争对手的市场表现，或者他们是否在评估车辆分享服务的市场？这种商业模式不但市场成本很小，而且给顾客带来的收益很大。优步打车甚至在短时间内，对车辆共享市场这个新型竞争者来说，也是一种颠覆。

- 特斯拉电动汽车。一个新兴的汽车品牌真的就无法与福特汽车、通用汽车这些拥有百年品牌的汽车公司竞争吗？这家诞生自硅谷、从未触碰过被称为"美国钢筋"的硬件，只知道和1、0打交道的公司可不可能造出可靠的家庭轿车？事实果真如此吗？在这个案例中，竞争对手的市场份额是可测算的，但是当福特汽车和通用汽车在电动汽车的研发上仍处于试验阶段时，特斯拉这个汽车界的新人却已经做得像模像样。在短短十年内，它的市场总值就达到了福特（300亿美元）和通用（600亿美元）的一半。而它目前仅发布了两款车型。
- iTunes等。这个例子想说明的是，音乐产业三巨头（环球唱片、索尼唱片和华纳唱片）坐拥机会却一再错过。直到进入21世纪，音乐下载才进入音乐产业市场份额的考虑范围，但是为时已晚，胜负已定。失去Napster，正好预示着音乐产业对此的忽略。产业需要新的传达途径。iTunes应该是苹果公司和Spotify、Rdio等音乐产业中坚分子合作的产物。于是，音乐上的新手获得了胜利。当时这个产业正忙着诉讼，所以错过了通过互联网化来消化大部分成本的机会，忙着竞争运输30美元一张的塑料唱片，因此，无法找到让音乐爱好者获得音乐的新方法。

你认为，那些行业领导者们真的看清竞争者的到来了吗？

通过基础设施重新定义产业

我们稍加思考就会发现，曾经在某产业的某种强制性措施如今变得越来越宽松。而更多的事实证明，相比所有权来说，途径更加重要：在住宿方面，房屋不是必须；在交通方面，汽车也不是必须；在音乐方面，我们也不一定要签约歌手或经营店面；在知识方面，每个人都是知识所有者。上述例子证明了基础设施已经以一种我们从未想过的方式被去除了。

由于市场已被界定，企业就要追本溯源回到用户需求上来，以确保不会被某种不可预见的因素干扰。从哪里可以快速查询找到所需的信息？短途旅行市场有哪些新的选择机会？如今人们都上哪儿去听音乐？去哪里搜寻信息？

企业应该拓宽视野，了解行业生态环境，从而搞清楚自己是否能以正确的方式评估所取得的成功，抑或只是在盲目行动。

与竞争者合作

当产业格局发生变化时，最好的办法就是合作而不是竞争。因为在新的形势下，无论是产业还是人们的联络和交易都需要不断地创新。有时，让竞争对手通过投资，将原客户群向新技术过渡，比企业间互相竞争客户要好得多。

在社交媒体上，这一点尤为突出。Facebook 和 Twitter 这两大巨头实际上通过开放的应用程序接口实现了合作。这使得 Facebook 网上的动态能在 Twitter 上更新，而 Twitter 上发布的消息也能自动反应到 Facebook 网上。如今，我们已经非常习惯这种交互行为，并不觉得稀奇，但这的确是跳出产业思维的一个崭新的开端。就好像美国广播公司（ABC）节目的页面边角有个窗口正在播放美国全国广播公司（NBC）的节目一样。开放的市场允许新市场的孕育与成长。通过彼此的合作，各方互相竞争的生态系统得以不断扩大。

并购并不能消除潜在威胁

用资本优势来战胜创新者一直以来都是很受欢迎的企业战略。其适用的范围包括传统媒体、传统零售、物品包装和汽车行业。同样，在硅谷这样的科技行业以及其他产业中，也免不了花钱并购新赢家，以消除新出现的潜在威胁。这种战略在基础设施共享和进入市场战略完备的前提下是十分有效的，但是如果获胜或败北的代价太高，这种战略就会失效。比如：

1. 如果这家新公司不愿意出售自己呢？
2. 如果收购的价格太高呢？
3. 如果这家新公司变得比我们更强了呢？
4. 如果他们不给我们反应的机会，就把我们彻底地赶出了身处的行业呢？

如果后起之秀的利润更丰厚、投资回报率更大，急着花钱买下潜在威胁并不是一个聪明的做法。尤其当并购目标与并购方的商业模式几乎无法融合，或者协同增强效应很难产生的时候，这种做法更是不可取。

改变的步伐

在互联网时代，企业必须进行自我颠覆。既然外界环境越来越呈现出碎片化趋势，最好的应对之策就是适应这种不可避免的趋势。企业应该成为本行业最新基础设施的创造者，最好将自己置身于业务之外，就是说要有臭鼬工厂（skunk works）的心态。这种心态并不一定要涉及最新产品或递增式创新，而是与进入市场的新方法有关，但也不仅仅是考虑将什么新产品投放进市场。我们身边的改变应该是整体环境意义上的改变，而不是单纯的环境物种的改变。因此，我们在考虑改善现状的同时，更要创造新系统。

　　智慧型企业的做法就是创造外部环境来进行激进式的创新。比如谷歌 X 实验室正在研发的项目就是完全突破式的。其目标是发布先进 10 倍的技术。和所有经典的臭鼬工厂一样，谷歌的研究与现有的其他公司的完全不同，因此，现有的商业文化无法影响到他们的目的。

▶ 臭鼬工厂是指一种结构松散的独立小组，以激进式创新为目的研发项目。

内部风险投资

　　假如市场新的玩家总是输给初创企业，那何不干脆加入他们呢？任何一家大公司都完全能将研发资本注入臭鼬工厂，或注入其风险投资部门。外包并不是个新概念，它可以用于有创造力的广告开发、制造、管理、法律和会计方面。既然公司的任何一项功能都能被外包出去，那么何不通过风险资本来进行创新呢？在巨变时刻到来之时，对那些即将被颠覆的行业而言，在相应行业内的风险投资或许是得以幸存的最佳途径。

　　对于想要保住行业地位的大型企业来说，他们不能只做保证财务安全的小型创新，他们需要的是纵身一跃，实现自我突破。小型创新早已满足不了大型企业的发展。他们的研发部门距离卓越的创新心态相去甚远，比如风险投资行业，他们的商业模式是投资那些以重塑行业为目标的组织。但这么做需要极大的勇气，大多数企业的职业经理人却不具备这种勇气。

冷战思维

有趣的是，地缘政治环境和商业环境中所发生的事常常会紧密相关。我们目睹的现代战争的转变也带来了商业的转变。在冷战时期，我们很清楚自己的敌人是谁。美国和苏联彼此外包，营造一种自己在武器竞赛中占优势的氛围，这场可量化的游戏中，两方虽然政治对立，但采用的方法是相同的。

之后，随着互联网的出现，敌人也随之改变。尽管恐怖分子不会使用任何传统资源或基础设施，却演变成了西方文明的最大威胁。即便现代战争也早已被碎片化，从国家本土的对抗演变为某种心智上的较量以及情报资源的彼此渗透。同样，大型企业也遭受了同样方式的瓦解，新晋者毫无征兆地进入市场，让人难以察觉。最难的莫过于敌人身在暗处，更糟的是，当它第一次出现在你面前时，你甚至对它不屑一顾，因为它看上去实在太弱小，丝毫没有可以发展壮大的迹象。

与冷战时代类似，大品牌采取类似的策略，斥巨资投入广告战和产品战（例如，买下滚石乐队《Start Me Up》这首歌的版权，用在 Windows 95 的广告中）。但是大品牌和大型企业需要将目光投向全世界范围内正在发生的事，包括企业间、国家间的各种斗争，而不要只局限在商业领域中。那些灵活、隐形、规模较小的竞争对手才是值得我们注意的。

忽略资源和自我干扰

企业应该重点采取的措施是这样的：从一个以行业为重心（大型产业密集型）的商业模式转向以用户为核心的小型商业模式。市场正在被从过去的行业垂直结构中一片片地剥离开来。我们正走向更加水平化的市场，资源所有权正在渐渐褪去其光环，变得黯然失色，与用户的直接接触将会变得更加重要。无论你的企业处在哪个行业，唯一肯定的就是，必然有人会想方设法地用新的连接方式打破该企业传统的利益链。可以肯定地说，新科技、新环境注定会带来这种影响。而企业可以在别人进行系统性的颠覆之前，选择自我颠覆。

　　所有的改变都有其令人无法预测的一面。当行业上下波动，个人被追踪，就好像我们的私人生活被别人侵犯了一样。但如今侵犯隐私也不是什么新鲜词了。

CONCLUSION

碎片化时代趋势　　科技公司可以对行业进行划分，但却很难知道如何用新方法去满足人们对产品和服务的需求。

碎片化时代商业影响力　　试图找到市场的竞争对手是一件很愚蠢的事情。任何行业中真正的创新很可能来自可预测的竞争领域之外。

The Great
Fragmentation
and Why the Future of
Business
is small

第 19 章

外部效应的本质：我们的隐私
真的无处可逃吗

互联网足迹

由来已久的地理定位

关于隐私所引发的忧虑

隐私的类型

隐私与秘密

经济学理性主义者最青睐的一个术语就是"外部效应"。在经济学领域，外部效应指的是一种新的活动形式所造成的成本或是未能预料的后果。而外部效应的弊端在于，它常在新的行为模式风行并广泛存在之后才会出现。此外，在大多数情况下，市场并未对外部效应进行定价，也无法在短期内对其实行监管。创新促生了外部效应，有时又因其而引发激烈的政策讨论。譬如，环境污染就是工业时代最主要的外部效应。与此相对应，许多人认为侵犯隐私以及逐渐浮现的大数据产业的复杂性是科技革命所带来的污染。

互联网足迹

移动通信革命产生了一些所谓的新形式的人类行为。我们随处留下的互联网足迹就是其中之一。我们现在会有意无意地留下自己的位置信息，分享所有的想法和日常活动，分享买到的商品信息和途经的旅程。尽管这些足迹大多源自我们与互联网信息相关的活动，但它们不像我们走过沙滩所留下的那些足迹。一是因为，互联网足迹数不胜数，难以发现。

但应该谨记的是，这些足迹是很难被擦掉的，而其他人有能力查看这片"沙滩"。因此，这首先给人类带来了一个如同创世之初的境况：毫无隐私可言。

许多"非互联网"活动支持者认为，在互联网上记录个人信息或分享私人生活令人不适。他们觉得手机网络太过出格。事实上，这种人类行为并非新生事物。上千年以来，人类的这种行为活动并未经历大的改变，只是换上了新的外衣而已。有人还认为，这种新型的即时互联网连接让所有的生活隐私岌岌可危。但是，关于隐私的一个简单道理平息了所有的讨论：沟通和隐私，这二者天生就是并存的。

如果我们能更深入地分析这个问题，就不难发现，每次加深沟通都会侵害到相应程度的隐私，而我们却仍然选择加强彼此的联系，原因很简单：深入的交流能提升人类的生命质量。

由来已久的地理定位

我们绘制使用地图的历史可以追溯到数个世纪之前。哪怕是一幅简单的洞穴壁画或是一本书都带有地理定位的性质。它描述着我们的所见所寻，以及所处位置。毫无疑问，这种记录自身经历的形式在刚开始时会让人感到不适。目前，具有地理定位功能的移动设备与之唯一的不同是它提高了准确性和即时性。事实上，所有记录方式的更新换代都是为了同一个目标，即变得更精确、更广泛和更即时。交流方式也仍朝着更优质、更迅速、更廉价和更易达成的方向发展。地理定位仅仅只是另一种科技的跨越，让人们发出感叹："哇，这更加精确，更加便捷！"

关于隐私所引发的忧虑

　　新的通信方式引起人们忧虑的情况历来就有。早在 19 世纪初，奥匈帝国引进街道数字编号，就引起了街头的骚乱。一些居民手拿武器，向政府抗议，他们认为这种做法公开了自己的居住信息。最终，人们发现这样一来，更方便他们收发信件，骚乱也就逐渐平息下去了。

　　这样的例子还有很多，都是隐私看似受到侵犯，而最终利大于弊（如表 19—1 所示），社会也因此变得更具包容性了。

表 19—1 　　　　　　　　隐私侵犯与其益处

隐私侵犯	益处
护照	跨境旅游
电话簿条目	与人联系
驾驶证	使用公共道路
汽车登记	使用私人交通工具
税务号码	免费公共服务
医保号码	免费医疗服务
信用卡	享受延期付款并保障付款安全
积分卡	享受购物优惠
社交网站	加强社会联系

　　这样的例子还有很多，这清楚地说明了一旦利大于弊，人们是很乐意牺牲私人信息的。在大数据时代，各个行业都应谨记这一点。而如果人们并不能从中获得足够的益处，他们就不会参与其中。类似社交媒体的互联网行业应该谨记，通常他们无法像政府或其他隐私控制者一样，拥有追踪信息的强大垄断力，因此，他们在这一行业的行为方式决定了他

们的品牌今后是否有健康的发展前景。互联网社会中存在着诸多选择，并且进入门槛相对较低。社交媒体同样如此，尤其是当它处于可能被替代的阶段时。

隐私的类型

在现实生活中，过去我们使用的非电子的纸质文件，如护照和驾照，现在看来都显得比较庄重。消除数据信息正演变为一种脱离文明社会的选择。

隐私其实应当分为两类：私人生活的行为隐私与参与公共事务的行为隐私。

沟通如何缓解人类的困境

了解更多信息可以让所有人都变得更为富裕，或接触到更多的机会。分享、合作和专业化都能避免信息的匮乏，提高效率。我们之所以本能地与他人分享信息和经验，原因在于我们潜意识里就明白，正是这种分享引领我们到达食物链的顶端。目前，短期内存在的挑战是在心理层面上如何适应新的沟通方式。

我们有权选择

最终，这些所谓"不合常理"的行为——分享、合作和定位，都是我们选择的方式。我们也可以选择不参与其中，选择不融入这种文化。但这种"孑然一身"常常只能降低人们获得机会和获取利益的概率。

人类的发展轨迹有其常态，与历史进程息息相关，总是朝着提高文明程度和生活水平的方向前行。当前，最新的科技让人们不禁望而却步，驻足思考未来的可能性。对此，我的想法很简单：只要我们敢于革新，并与他人分享成果，那么一切就会变得越来越好。

隐私与秘密

我们个人的生活随着互联网时代的到来而日益公开化，这时有关保密的问题也引起人们的日益重视。人们似乎忘记了秘密和隐私的不同。这二者并不相同，概念截然不同。属于隐私范畴的大部分事物都不是秘密。但这二者联系紧密且敏感，带有自身独有的性质。我们都知道自己在浴室里的模样，也知道我们是怎样降临到世界上来的，这都不是秘密，但的确属于个人隐私。我们在互联网上的大部分行为，尽管是当前发达的人际交流中一个自然的部分，但仍是隐私，它们也应该被继续视作隐私。

作为当前科技化生活的主导者和参与者，我们应该创造一个规范的社会，这种规范应独立于任何政府组织之上。创造一种互联网文化，清晰地划分出隐私和秘密的范畴。我们需要建立底线，保障个人隐私不受强权侵犯，即使他们发现了什么相关的秘密。除非大多数人站出来，向权威挑明他们需要建立新的底线。讽刺的是，当前一些需要被重新审视的方式正是创建底线所需要的。这正是文明社会中出现的：设立底线以创造更加完善、安全和公平的社会。如果我们不清楚划分秘密和隐私的界限，我们最基本的、重要的思维自由以及进取的自由都将岌岌可危。公开信息应是公开者自己作出的决定。单向的互联网沟通理应如此，发往服务商的信息也理应如此。

目前，随着诸多行业受科技的影响越来越大，人们的生活将会日益公开化。这也说明了，各行各业也都开始与科技密不可分。

CONCLUSION

碎片化时代趋势	隐私信息从档案文件中泄露，在互联网上被自由地分享。因此我们的私人生活也日益公开化。
碎片化时代商业影响力	只有潜在利益超过个人所付出的代价，人们才会愿意分享私人信息。

The Great Fragmentation

and Why the Future of Business is small

第 20 章

技术与商业的大融合：重新定义 4P 理论

重新定义产品

价格不再是阻碍经济发展的巨大障碍之一

渠道的界限变得越来越模糊

令人津津乐道的产品才是促销的王道

大数据改变农业

"大"时代结束了吗

大型企业现在该问的问题

生存即进化

实验室还是工厂

碎片化时代

截至目前，之前的讨论已经告一段落，我们再回过头来看看第 1 章中提到过的 4P 理论。4P 理论中的产品、价格、渠道、促销是公司运营的主要环节，也是市场营销的重要组成部分，是商业环境中真实存在的要素。本章我们将带你重新回顾这四个要素，让你对当今商业世界的重大变化有更清晰的了解。4P 理论中每个单独的组成部分不再像早期的互联网时代那么清晰可辨，下面我们就来分别讨论一下 4P 理论。

重新定义产品

我们购买、使用和与之打交道的产品或服务早已发生了翻天覆地的变化。我们不再需要购买那些提供给普通民众的大批量产品，如今，我们可以准确地在世界范围内找到所想要的东西。如果这些东西不存在，我们可以请人生产甚至自己制作。我们可以把每个部分整合起来。现在市面上出售的大宗商品的价格也在逐年下降，除非这些大宗商品能够步入"可定制的"阶段，否则价格下滑仍将持续。对比一下你与别人的智能手机界面，你就能明白我想要表达的意思了。世界上没有两台界面完全一样的手机。通过越来越多的网上零售商，我们可以买到来自世界各地的任何产品；通过一些比较聪明的多品牌组合所提供的工具，我们甚至可以与它们合作，这样的组合体真正实现了"顾客自己的品牌"这一经营理念。从运动鞋业到传媒业，我们获得的产品越来越多地脱离了以往"所得即所买"的购物体验，我们现在可以得到一整套的材料，把它们组合起来，做成我们想要的样子。

谈起先进技术材料，就不得不提到 3D 打印技术，可以说，这项技术对产品的影响，不亚于互联网对互动媒体的影响。二进制字节正在被转化为原子，同时，桌面制造技术能够改变物品成型的方式，从而改变我们的生活。未来的服务很快就会变成一套相互参照并整合在一起的游戏系统。这样一来，企业要想获得最大的利润，最好的办法就是说："来，这儿是一块块的拼图，你按你自己喜欢的方式拼吧。"

我们对产品的认知早已改变，未来的世界会是怎样，我们不得而知，一切都没有定数，也无从预测。产品设计的艺术在于有足够的勇气去开展合作共赢，并直面各种不确定性的挑战。

价格不再是阻碍经济发展的巨大障碍之一

商品的价格正在逐步下降，也越来越分散，人们的购物负担将变轻，开始有能力选择自己想要的商品。高科技产品的价格越来越自由、随意、琐碎……你想怎么描述它都可以，总之，价格不再是阻碍经济发展的巨大障碍之一。今天的我们具备与美国航空航天局同等的力量，今日的科技已开始走向价廉，走向精微，走向亲民。

并不像街头小报中所描述的那样，我们的生活成本其实是越来越低。在那些成熟的市场，尽管通货膨胀年年都有，但人们的工资也越来越高。商品和服务越来越便宜，它们的价格从未如此合理，而且这种情况还将持续。现在，我们与金砖四国有了新的沟通渠道，就可以往我们的劳动力市场引进更多的服务供应商，通过互联网联系，每个人——注意，这里不仅是指大型企业——跨越阻碍，降低从业和制造成本。像阿里巴巴这样的电商将会向传统排外的企业开放更多的低成本制造的机遇，这样一来，供应将逐渐增多，价格也就会逐渐降低。简单来说，我们可以回顾我们在经济学领域学到的第一个知识点，也就是我一直强调而容易被人忘记的：价格反映供求关系，而现在"供"越来越大，越来越多，甚至无穷尽。我们有数不清的产品或服务，而世界上仍有三分之二人口尚未接触到网络，但相信随着上网费用的下降，他们很快也将会加入到互联网的世界中，到那时，整个供应组合会变得更加多样化。

如今我们也已掌握充分的定价信息，也开始能通过比价和调整系统来降低商品价格，这些都会让商品价格进一步下滑。在第12章中，我们讨论了金融筹资领域的新方法，也更加深刻地认识到了价格结构的急剧变化。未来所有商品和服务的价格都会日趋下降。如果你的产品在定价上无法带来足够的利润，那你就得小心了，因为这个趋势还将随着种种因素的存在而继续下去。未来的商人若是想从定价上获得利润，就需要最有效的分销系统，或者是能将看起来毫不相干的技术相结合，以创造出前所未有的产品。如果你只是卖别人也卖的东西的话，那就等着在商品的海洋中随波逐流吧。

渠道的界限变得越来越模糊

现在，地点已经不重要了，除非顾客要购买的是一种经历、一种身临其境的感觉，或者是特别的人生体验。

我们都知道，零售业已经走到了尽头。对网上买家来说，用最优的价格买到自己想要的东西是最重要的。现实世界中的零售场所的成本过高，运输费用也不便宜，但有了网络后，一切就不一样了。随着我们获取信息的方式更加高效，就像行云流水般那样自然流畅，分销链之间的联系便会逐渐减少。我们以往所观察到的传统零售业收入漏洞将会越变越大，甚至像海啸般席卷了整个产业。

可以说，分销从未如此碎片化，也从未如此重要。想要直接接触到顾客群，就得加入到那些仍在寻求发展的公司的创新战略中去。在当今形势下，把产品销售中最关键的一步（即钱货两清的地点）外包给零售商或经销商是一场非常危险的赌博。古今相比，如今的分销商对形势的控制是最有力的。我们只要看看亚马逊、苹果和新兴媒体巨头的操控力就知道了。这些公司都是跟顾客直接联系而非经他人之手的。如今有了简化的人性化技术工具，每个人都在迅速成为零售者，制作什么就可以卖什么（甚至是自己的劳动）。

而且，分销的模式已不再是直线型，界限也变得很模糊，因此，我们很难判断每个人各自的工作是什么。现在，制造者可以是销售者，销售者又可以是制造者。以往的垂直型供应与分销结构变成了整合型的互联网系统，在这样的系统中，垂直营销已经不再适用。企业必须像关注产品一样，关注产品的销售方式。如果企业还在一成不变地，原地踏步，没有改变销售的渠道，就只能泯然商界了。现在，我们该如何看待供应链这个问题呢？答案还未见分晓，总之，分销或者说

"渠道"，早已今非昔比了。

令人津津乐道的产品才是促销的王道

按市场需求赢得顾客的方法正慢慢地失去竞争力。街边30秒促销的方式早就该进入营销博物馆了。而且，通过主动寻找和社交工具来吸引顾客也不够直接，或者说可能不是很有效。传统的商业模式是介入式的，通过提供免费的娱乐来吸引眼球，或者是将公司信息直接提供给潜在顾客，但现在，我们需要适应许可式的商业模式，即潜在顾客与公司会建立一种双向关系，他们会以已知和预期内的互动方式来实现彼此间的交流。

要想吸引顾客，光靠广告是不够的。我们需要提供有意义的东西，当一个品牌的产品在市场上足够重要，是顾客所关心的，剩下的事就好办了。睿智的品牌会更注重产品本身，这是他们赖以生存的根本，而不仅仅是那些带着娱乐色彩的广告片。通过铺天盖地的广告来赢得顾客的心早就不管用了，因为互联网时代，我们都能根据自己的喜好来决定关注什么产品或服务。如今的媒体被过度使用，却只适用于太狭窄的受众，因此，靠此来传播信息不再像以前一样有效了。顾客们将越来越沉浸在自己的商业小世界中，这意味着集中式的大众受众群会越来越少。如果想要找到大量的顾客，我们只会看到这种建立彼此连接的成本将越来越高。毕竟每年像超级碗这样的超级赛事并不会有很多。

如今，媒体已不再是促销的阳光大道。要想促进商品的销量，就得拥有让市场上令人津津乐道的产品，当市场需要互动的时候，顾客才能有效地参与进来。引用《线车宣言》（*The*

Cluetrain Manifesto）一书中的话来说，就是"市场就是沟通"。沟通就需要人的参与，仅靠公司的公关手册是不够的。

互联网时代的促销方式与工业化大众市场时所采取的策略已不可同日而语了。

大数据改变农业

工业革命时期，商品的价格掌握在那些敞开怀抱欢迎工业时代的人手中。田地里的手工劳作比不过联合收割机；传统的手工定制汽车比不过机械化流水线。仅就美国来说，20世纪初，美国拥有 2 000 余家汽车制造厂，1929 年，这个数字锐减到 44 家，到 1976 年，就已经只剩 11 家了。而且，自从电视机出现在家家户户的客厅开始，巡回马戏团就再也竞争不过美国著名脱口秀节目《今夜秀》（*The Tonight Show*）了。

不管我们是否乐意，我们已经身处技术化的商业环境当中。无论市场上卖的是芯片还是薯片，我们都得买。是的，技术的影响力已经渗透到了生产和销售的每一个细节中，就连土豆的销售也不例外。农场中的土豆行家们使用上了综合大数据系统，通过互联网天气预报的实时反馈来灌溉农田。土豆的定价紧随着商贸网站上的国际指标波动，选择种哪些品种也取决于人气餐馆中的热销菜品。所以，为了获得更大收益，明年，这些行家们决定种 baby kifler（一种土豆品种）。他们拥有自己的销售地图，方便找到最有效的产品交付方式。同时，他们也能通过智能手机实现网上交易。总之，技术已经不再是关于产品了，它不再是"某一环节"，而是我们生存于其中的整个经济结构。企业已经无法选择与自己相关的东西，因为所有的东西都是与所有人相关的。

"大"时代结束了吗

在发展初期就十分壮大的企业现在常常会面临颓势，当然，我们指的是出现于 20 世纪之前的公司。"大"已经不再是一种优势。对于工业化时代的公司来说，过去的规模经济学已经变成了衰败经济学。"大"就意味着企业的生存非常脆弱，过度依赖于生产的规模。靠着供应链成长起来的企业之所以如此危险，是因为他们是垂直营销中的一部分，要彼此依靠，才能获得全面而稳定的发展。

另一方面，有些企业虽然大，却有着自己的营销网络，其分销和一体化理念都是水平式的，所以它们的系统可大可小，因为它们建立的是一系列节点。如果系统出现一个问题，或者某个节点出现了问题，整个供应链也不会中断，系统仍可以继续运行。供应链没有中断是因为根本没有供应链，所以一个问题的出现只会导致经营方式的自我调整，而不会影响系统的正常运营。

如今，出现了一种新型"大"的形式，这种形式能够适用新的商业环境，那就是平台。平台由一个个分散的部分组成，而包容性很强的"大"理念可以为许多人提供平台。通过鼓励参与，这个大平台能够允许自身成为经济基础中的各个分散的部分。它所创造的东西是用于充当经营基础的，而不是产品本身。它代表的不是卖家，而是一部分倡导经济与企业民主化的人，是他们让"大"的理念以开放的形式继续作为一种竞争优势发展下去。

新的"大"是集体中一些更小的部分所组成的。未来的大型企业很可能会在财务上成为一个由各部分集合而成的总体，但在运营上却不是这样。二者必须分开来管理，才能保持系统的灵活性，否则，企业就有可能成为市场快速变化的牺牲者。把应该分开管理的部分分开统筹，把获得的利润集中管理；不要错误地追求经营绩效。要避免公司的单一化发展，公司不可以认为自己全知全能，可以回答所有的问题，因为在这个快速变化的世界，没有任何一家公司能做到这一点。相反，我们要保持独立的开放性思维，坚持自我入侵与自我颠覆。传统的结构只适用于工业化的模式，早已失去了效用。

大型企业现在该问的问题

对大型企业而言，很难将不相关的过去带入到未来。现在，他们最需要问自己的问题是：如果现在我们要开店，哪些产品是我们不会卖的？哪些产品自己生产，哪些要外包？我们的企业文化是怎样的？哪些是我们不会投资的？

这是初创企业在颠覆一个传统行业时会问到的问题，也是每一个已成形的行业所面临的问题，如果这些问题不是业内人士们问的，就会是那些想要分一杯羹的新加入者问的。如果你不融入他们的阵营，那就只能眼睁睁看着他们做着你没有做的事情，然后把你挤出这个行业。

生存即进化

对任何物种来说，要生存就得进化。每个物种在进化的过程中，都要适应周遭的环境，否则就会落后甚至灭绝。在每个物种的进化过程中，都会有这么一段时期，它不得不爬下自己栖息的树或者是其公司的象牙塔，在地面上直立，在自己未曾经历过的环境中寻找到一席之地。当一直供养我们养分（利润）的地方无法再提供养分（利润）时，我们就得像前文说的这么做了。一百万年以来，人类善于进化，当气候变化季来临之时，我们跟着兽群走，甚至手工制作了小艇，穿越大海寻找更温暖、更适宜生存的沃土。事实上，我们迁移到哪里，最终都取决于气候变化，当我们觉得自己有能力管理气候，或是能灵活变通时，气候就尽在我们掌握中。

而商业也是一种气候，并且还是那种我们无法控制的气候。至少在我们生活的时代，所有的条件都在不停地变化，如果是在自然界，我们可以将其看作地质构造上的变化。因此，商业环境中那些更成熟的物种自然就会去寻找新的土壤。那些旧的条框、旧的结构和旧的处所（即我们的基础设施）都统统扔掉吧，通往沃土的道路布满荆棘，带上这些就太累赘了。新的土地会为那些有信心完成旅途的人提供养分。然而，我们并不是去往一个未知的地方。商业技术世界的新兴力量早已踏上了旅途，也已经到达了它们的目的地，而这块目的地丰美无比。他们还为那些年长的前辈提供了旅途的地图和指南以帮助他们也找到目的地。当然，新的沃土还在不断地变化，但很多人已经克服了关键的阻碍，因此计划仍然是可行的。最终要到达那儿，只要有勇气就足够了。

实验室还是工厂

企业需要决定自己是想成为一个实验室还是一家工厂。下面，我们可以通过一些线索，来了解在新的互联网商业环境中，企业该如何才能更好地运营。

- 如果公司是作为一家工厂而存在，那么它会认为自己已经提供了顾客想要的东西。这样的公司无法有效地应对产品或商业规则的急剧变化，因为它就是为了制造特定产品而存在的。这种工厂注重扩大规模、削减成本和提高效率。它想要的东西就是它过去想要的东西，只不过是以更廉价更快捷的方式生产罢了。工厂就是公司投资占比最大的地方，在其内部或围绕它工作的人都是在为工厂服务的。在这里，移动、转变或是创造都是几乎不可能的。它关注的中心就是生产线另一端出来用于销售的产品。开办工厂要投入很多资金，所以我们不得不花很长的时间，去生产大量的商品才能获得利润。长久以来，我们习惯于这样的模式，但社会发展到了今天，只有在事物变化较少的地方，这样的工厂才会有竞争力。
- 如果公司是一个实验室，那么它们就知道问题的答案是真实存在的，只是还不知道这答案具体是什么。实验室为了解决某一问题会做很多的实验，但就算有了很多的解决办法，我们还是无法得到一个准确的答案。经营公司所需的原料是非常灵活和容易变化的，而实验的方法也在不断变化。真正重要的并不是原料本身，而是将它们组合起来的人，是他们的想象力和对各种可能性的解读能力。他们所做的每一个实验都会将他们带入下一个创意，为他们提供一些来自真实世界对该问题的反馈，告诉他们各种事物是怎样互动的。实验室型公司的重点在于人力资本，而非财力资本，所以，我们可以同时运行很多实验室，研究很多不同的东西，找到相应的答案。就算实验室失败了，也可以接受，毕竟这也是一个学习的过程，更何况失败并不会让我们损失很多成本。在经历了每次失败过后，我们都能从列表上划掉一种创意，这样一来，就离我们寻找的正确答案更近了。

很明显，在这个变化的商业环境中，实验室的理念才是我们需要的。实验室不意味着我们要假装自己知道答案或是相信这个世界是永恒不变的。如果把实验室理念比作一出戏的话，那剧本就是让我们不要假装知道接下来会发生什么，我们只要做到心里明白一些事情就好，我们要明白速度就是我们的资本，创造力比财力更重要，合作比控制更有力量。互联网技术时代的营销模式，在本质上就处在不断变化的状态中。企业文化和组织结构需要的就是适应这些变化，并根据自身学到的经验，不断自我完善，找到更好的经营之道。

碎片化时代

尽管从这本书的各处细节看来，我仿佛是在为工业革命的衰败而欢欣鼓舞，为那些原本强大的行业或公司的陨落拍手称快，其实并不是这样的。我只是想让大家意识到，过去那些公司引以为豪的优势成就了他们辉煌的昨天，但如今却有可能造成他们灰暗的明天。谋生的手段和商业活动的工具现在就掌握在每一个人手中。集中化的时代已经过去，现在的世界充满了更多的商机，以及更加分散的事物。大企业若是想要获得新的生存之道，想要继续发展壮大，就必须敞开怀抱迎接这个碎片化的时代。

是的，我们正在步入的是一个后稀缺时代，一切都很充足。这个碎片化时代足以用"巨大"一词来形容，甚至可以说它是令人惊叹不已的。不仅如此，碎片化还是一场运动，在这场运动中，我们的社会将变得更加平等，更加人性化，每个人都重新拥有了知情和参与的权利。无论是从经济上还是从社会上来看，几乎所有的东西都被民主化，变得更好。而且我坚信，还远不止更好，而是会变得更加伟大！

译者后记

　　我们的世界正以一种加速度的方式不断变幻着。假如有人从5 000年前突然穿越到了500年前，他会感觉到周遭环境已经完全不同，但尚不影响衣食起居；但是如果有人从100年前突然穿越到今天，面对着这陌生的奇妙的世界，震惊之余会感到难以置信，由于缺乏使用基本工具的技能，他很可能会难以就业和生活，甚至原有的价值观念也会遭遇猛烈的冲击。

　　变化仍在加速，且越来越快。今天我们通过刻苦钻研刚掌握了某项工具，却发现性能更先进、功能更强大的新工具已经面世并开始流行。在这变化的背后有两种动因：技术创新与应用革新。

　　处理芯片的性能仍保持高速提升，并且更加开放，这使得更多传统设备拥有了"思想"；存储介质技术的突破逐渐引领传统数据储存转向全电子化（闪存技术）；网络传输技术进一步增强与成本的降低使得无线信息与应用无所不在。伴随着这些传统信息技术的不断发展，3D打印、物联网、人工智能……这些原本仅存在于概念中的技术近年来随着技术的完善与成本降低得以步入实践之中。大数据将打破传统的界限，通过泛在化的"信息渗透"（Data Penetration）与实时数据处理为几乎所有的商业领域带来巨大的价值。

在商业应用层面，金融资本尤其垂青于初创型企业，为这些企业的崛起与之后的渗透进各细分市场的应用奠定了基础。这些企业与传统业内统治者的分庭抗礼并不建立在传统的游戏规则之上。简单来说，这里很少有基于低价的红海之争，或是劣币驱逐良币的恶性争夺。互联网金融鲜有在银行周边打出广告抢占客户的，而是通过满足长尾理论，即原本银行业所忽略的中小型企业融资需求来赢得市场；打车软件的兴起旨在搭建平台，赢得用户通行信息，却对出租车行业构成了致命的威胁，而后续出现的搭车软件更是将这种竞争推至风口浪尖。传统行业面对捉摸不定的形势，除了通过政策规范划定保护圈之外似乎没有更好的办法。

变革的浪潮将席卷每一个角落，如同水会渗透进每一处缝隙，或许有些行业至今尚能安身一隅，未受其波及，但相信被革新技术破局只是时间上的问题。对于每个人呢？我们或许会对未来学家库兹韦尔的预测激动不已，但更重要的是，如何在预见未来的同时未雨绸缪，在这场变革与竞争中占据先机。

书中作者对各项前沿技术在行业内的应用现状，以及未来的发展与影响勾勒得十分细致。同时作者对于身处变革浪潮中未来的企业商业模式与个人生活作出瞻望。通过详尽的案例分析与颇具逻辑性的历史回溯，读者会对工业式教育、个人雇佣、虚拟社交、大众传媒、全球互联网化的影响有更进一步的认识。

对每一个熟悉工业时代思考方式的人，这都是一本值得一读的书，尤其是在当前向数字化过渡的时期。相信《碎片化时代》会帮助每一位读者把握住时代节奏，愿大家阅读愉快。

在本书翻译过程中，我得到了张瀚文老师的大力帮助，他为本书的顺利出版付出了很大的努力。同时，我还得到了念克泉、俞爱玲的帮助。在此一并致谢。

北京阅想时代文化发展有限责任公司为中国人民大学出版社有限公司下属的商业新知事业部，致力于经管类优秀出版物（外版书为主）的策划及出版，主要涉及经济管理、金融、投资理财、心理学、成功励志、生活等出版领域，下设"阅想·商业"、"阅想·财富"、"阅想·新知"、"阅想·心理"以及"阅想·生活"等多条产品线。致力于为国内商业人士提供涵盖最先进、最前沿的管理理念和思想的专业类图书和趋势类图书，同时也为满足商业人士的内心诉求，打造一系列提倡心理和生活健康的心理学图书和生活管理类图书。

阅 阅想·商业

《大数据产业革命：重构 DT 时代的企业数据解决方案》
（"商业与大数据"系列）

- IBM 集团副总裁、大数据业务掌门人亲自执笔的大数据产业宏篇巨著。
- 倾注了 IT 百年企业 IBM 对数据的精准认识与深刻洞悉。
- 助力企业从 IT 时代向 DT 时代成功升级转型。
- 互联网专家、大数据领域专业人士联袂推荐。

《互联网领导思维：成为未来引领者的五大法则》

- 从互联网时代的参与者到引领者，成为移动互联时代的最大赢家。
- 最受欢迎的社会化媒体大师埃里克·奎尔曼的最新力作。

《游戏化革命：未来商业模式的驱动力》（"互联网与商业模式"系列）

- 第一本植入游戏化理念、实现 APP 互动的游戏化商业图书。
- 游戏化与商业的大融合、游戏化驱动未来商业革命的权威之作。
- 作者被公认为"游戏界的天才"，具有很高的知名度。
- 亚马逊五星级图书。

《忠诚度革命：用大数据、游戏化重构企业黏性》（"互联网与商业模式"系列）

- 《纽约时报》《华尔街日报》打造移动互联时代忠诚度模式的第一畅销书。
- 亚马逊商业类图书 TOP100。
- 游戏化机制之父重磅之作。
- 移动互联时代，颠覆企业、员工、客户和合作伙伴关系处理的游戏规则。

《自媒体时代，我们该如何做营销》（"商业与可视化"系列）

- 亚马逊营销类图书排名第 1 位。
- 第一本将营销技巧可视化的图书，被誉为"中小微企业营销圣经"，亚马逊 2008 年年度十大商业畅销书《自媒体时代，我们该如何做营销》可视化版。
- 作者被《华尔街日报》誉为"营销怪杰"；第二作者乔斯琳·华莱士为知名视觉设计师。

《互联网新思维：未来十年的企业变形计》（"互联网与商业模式"系列）

- 《纽约时报》、亚马逊社交媒体类 No.1 畅销书作者最新力作。
- 汉拓科技创始人、国内 Social CRM 创导者叶开鼎力推荐。
- 下一个十年，企业实现互联网时代成功转型的八大法则以及赢得人心的三大变形计。
- 亚马逊五星图书，好评如潮。

图书在版编目（CIP）数据

碎片化时代：重新定义互联网+商业新常态 /（澳）萨马蒂诺（Sammartino, S.）著；念昕译. —北京：中国人民大学出版社，2015.7

ISBN 978-7-300-21541-9

Ⅰ.①碎… Ⅱ.①萨… ②念… Ⅲ.①网络营销—研究 Ⅳ.①F713.36

中国版本图书馆 CIP 数据核字（2015）第148322号

碎片化时代：重新定义互联网 + 商业新常态

［澳］史蒂夫·萨马蒂诺　著

念　昕　译

Suipianhua Shidai: Chongxin Dingyi Hulianwang+Shangye Xinchangtai

出版发行	中国人民大学出版社	
社　　址	北京中关村大街31号	**邮政编码**　100080
电　　话	010–62511242（总编室）	010–62511770（质管部）
	010–82501766（邮购部）	010–62514148（门市部）
	010–62515195（发行公司）	010–62515275（盗版举报）
网　　址	http:// www. crup. com. cn	
	http:// www. ttrnet. com（人大教研网）	
经　　销	新华书店	
印　　刷	北京联兴盛业印刷股份有限公司	
规　　格	170 mm × 230 mm　16开本	**版　　次**　2015 年 8 月第 1 版
印　　张	19.75　插页2	**印　　次**　2016 年 1 月第 2 次印刷
字　　数	211 000	**定　　价**　69.00元